21世纪
伊格尔顿文化理论研究

21 SHIJI YIGEERDUN WENHUA LILUN YANJIU

刘 静 著

知识产权出版社
全国百佳图书出版单位
—北京—

图书在版编目（CIP）数据

21 世纪伊格尔顿文化理论研究 / 刘静著 . —北京：知识产权出版社，2024.4
ISBN 978-7-5130-8899-2

Ⅰ . ① 2… Ⅱ . ①刘… Ⅲ . ①伊格尔顿—文化思想——思想评论 Ⅳ . ① G0

中国国家版本馆 CIP 数据核字（2023）第 170414 号

内容提要

本书以 21 世纪以来伊格尔顿的马克思主义文化理论的最新动向为研究对象，提出伊格尔顿的神学、伦理学、形而上学、哲学等替代性政治话语是正确认识和理解伊格尔顿 21 世纪理论转向的关键。人类解放是伊格尔顿政治理想的出发点和归宿，在此之上形成的文化、政治、宗教的三叉戟是他全部思想的核心所在。

本书对于西方文学理论和文化理论研究者和爱好者具有一定参考价值。

责任编辑：刘晓庆　　　　　　　责任印制：孙婷婷

21 世纪伊格尔顿文化理论研究
21 SHIJI YIGEERDUN WENHUA LILUN YANJIU

刘　静　著

出版发行：知识产权出版社有限责任公司	网　址：http://www.ipph.cn
电　话：010-82004826	http://www.laichushu.com
社　址：北京市海淀区气象路 50 号院	邮　编：100081
责编电话：010-82000860 转 8073	责编邮箱：laichushu@cnipr.com
发行电话：010-82000860 转 8101	发行传真：010-82000893
印　刷：北京中献拓方科技发展有限公司	经　销：新华书店、各大网上书店及相关专业书店
开　本：787mm×1000mm　1/16	印　张：13
版　次：2024 年 4 月第 1 版	印　次：2024 年 4 月第 1 次印刷
字　数：200 千字	定　价：88.00 元

ISBN 978-7-5130-8899-2

出版权专有　侵权必究
如有印装质量问题，本社负责调换。

目 录

第一章 绪 论 / 1

第一节 伊格尔顿理论分期 / 4

第二节 国内外研究现状 / 12

一、国外研究现状 / 12

二、国内研究现状 / 15

第三节 本书研究概况 / 21

一、研究对象、目标 / 21

二、研究重点和难点 / 22

三、研究方法 / 23

四、研究意义和主要创新点 / 24

第二章 伊格尔顿早年政治批评实践 / 26

第一节 20世纪60年代的天主教左派 / 27

第二节 《斜向》的意义、作用 / 36

第三节 伊格尔顿的马克思主义转向 / 41

第四节 伊格尔顿政治批评话语体系构成 / 46

一、缘起和发展 / 47

二、意义和价值 / 51

第三章 激进政治批评与文化 / **56**

第一节 政治批评的现实性 / **56**

一、超越文化唯物主义 / **59**

二、反"历史终结论" / **62**

三、政治与民族文化 / **64**

第二节 文化与文化的自大 / **67**

一、文化的观念 / **70**

二、"文化"与"文明"的辩证统一 / **76**

三、文化主义与文化相对主义 / **81**

第四章 "理论之后"的理论 / **86**

第一节 "理论之后" / **86**

一、文化理论的危机 / **86**

二、理论的走向 / **95**

第二节 具有激进政治意义的神学话语 / **107**

一、神学概念的自发性 110

二、神学概念的双面性 113

三、神学概念的激进性 121

四、神学概念的实践性 129

第三节 文化理论话语转换的时代性 134

第五章 伊格尔顿批评理论的融合建构 / **144**

第一节 细读的回归 / **144**

第二节 "去文化"的政治 / **147**

第三节 张扬"唯物主义" / **158**

目 录

第六章 对伊格尔顿理论的思考 / 174

第一节 伊格尔顿批评理论的表征 / 174

一、辩证性和话语性的统一 / 174

二、策略立场下批评的批评 / 179

第二节 伊格尔顿理论的现实意义 / 184

参考文献 / 191

第一章 绪 论

　　特里·伊格尔顿（Terry Eagleton）是英国当代最著名的马克思主义文学和文化批评理论家。他的学术生涯横跨两个世纪，至今仍笔耕不辍，以年均至少一本的速度著书立说。1943年2月，伊格尔顿出生在曼彻斯特附近兰开夏郡萨尔福德（Salford）地区一个贫穷的工人家庭。他的家人是具有强烈爱尔兰共和主义思想的天主教移民，这种思想给他带来了最初的政治影响。伊格尔顿童年就读于当地的小学，并在一个加尔默罗修道院做祭坛侍童。他在自传《看门人》中描述了这一段经历以及修女们的生活和选择对他的精神冲击。在升入天主教文法中学时，他明确说自己已经从精神上脱离了天主教的影响，并已开始接受社会主义思想，立志成为一名左翼知识分子。16岁时，他加入青年社会主义组织，自称是社会主义者，早早地感受到了天主教信仰和社会主义信念之间的矛盾和冲突。青年时期他参加反对核军备的政治运动，受"愤怒的青年"（Angry Young Men）❶作家的影响，他努力在艺术、政治和宗教之间寻找平衡点，这贯穿了他一生的活动。1961年，伊格尔顿进入剑桥大学，加入了左派组织并参与了一些政治活动。1962—1965年，第二次梵蒂冈大公会议召开，如火如荼的宗教改革给人们带来了思想上的变革，在多明我会❷左翼神学家劳伦斯·布莱特（Lawrence Bright）、赫伯特·麦凯布（Herbert McCabe）的影响下，伊格尔顿觉悟到基督教和社会主义是可以结合在一起的。他进入剑桥大学学习，师从英国文化唯物主义领军人物雷蒙德·威廉斯（Raymond

---

❶ 20世纪50年代一些作品表现出愤世嫉俗情绪的英国青年作家和评论家。
❷ 天主教托钵修会主要派别之一，又译"多米尼克派"。

Williams），同时受业于英国著名评论家、"细绎派"（Scrutiny）代表人物 F. R. 利维斯（F. R. Leavis）。1964 年，从剑桥大学毕业后，伊格尔顿应邀进入三一学院，与威廉斯一起工作，成为威廉斯的助理研究员。深受威廉斯及阿尔都塞等激进学者思想的影响，伊格尔顿彻底转向了马克思主义。1969 年，他进入牛津大学瓦德姆学院，担任英语研究员和讲师。1983 年，伊格尔顿来华访问讲学。同年，《文学理论引论》（Literary Theory: an Introduction）问世，该书迅速成为文学理论方面迄今为止最畅销的书籍，也是世界范围内最畅销的文学理论书籍之一，至今仍在不断地再版，伊格尔顿也由此成为马克思主义文学批评的国际领袖。❶ 这是伊格尔顿理论的高光时刻，也是马克思主义文学理论的盛时。1996 年，在《文学理论引论》第二版序言中，伊格尔顿不无伤感地回味道：

  这本书写于 1982 年，正处在两个截然不同的十年之间的分水岭。如果它不能预料之后会发生什么，它也不能根据当时的位置去把握文学理论中已经发生的事情。从某种意义上说，理解总是回顾性的，即黑格尔所说的"密涅瓦的猫头鹰只在夜间飞行"。一个现象的来世是其意义的一部分，但这种意义对当时周围的人来说是不透明的。……如果历史向前发展，对历史的了解会向后退。这样，在写下我们自己最近的过去时，我们会不断地与从另一个方向走来的自己相遇。❷

  伊格尔顿之所以发出这样的感言，源于激进左派政治斗争进入低潮的现实。伊格尔顿文学理论从 20 世纪 70 年代末期开端发展到 21 世纪 20 年代，经

---

❶ 常耀信. 英国文学通史：第 3 卷 [M]. 天津：南开大学出版社，2013：907.
❷ Eagleton, Terry. Literary Theory: an Introduction [M]. 2nd ed., Minneapolis, Minn.: University of Minnesota Press, 1996: 190.

第一章 绪 论

历了多次的理论中心位移。他的批评实践话语转换与晚期资本主义社会和左派批评的发展态势紧密联系。21世纪初，伊格尔顿转向了神学，一时间举世哗然。然而，伊格尔顿的神学转向是蓄意而为之的。在最新的一篇文章中，伊格尔顿再次重述他神学话语中关于基督教末世论和上帝的观点：

> 耶稣警告说，历史的终结就在眼前，只有通过正义和友谊，我们才能得到救赎。对于一些听他说话的人来说，这听起来可能并不那么令人信服。现在更有说服力了。……那么，就像许多真相一样，随着密涅瓦猫头鹰在黑暗中飞行时，这个真相变得更清晰了（事实上，詹姆斯、皮尔斯和杜威等哲学实用主义者认为所有真正的命题都是这样的）。我们能够以之前不可能的方式理解末世论，这是我们值得怀疑的荣幸……结束历史的事件必须具有一定的历史意义。与唐纳德·亨利·拉姆斯菲尔德❶不同，上帝在很大程度上是一个不干涉主义者。❷

对于伊格尔顿来说，上帝的爱和耶稣基督向死而生的精神就是革命的象征。即使上帝并不降临，世界也能得到拯救，真正的救赎来自人与人之间的互助和友爱。这种神学话语并不是要同马克思主义文学文化理论分裂，而正是表现了理论的延续性。

伊格尔顿的思维异常活跃，不落窠臼，经常使用所谓的"论战体"方式进行写作，既幽默风趣又尖锐刻薄，既赢得了广泛的赞赏也引来了无数的争议。作为文学理论家，伊格尔顿著述丰厚。作为当代知识分子，他试图保持一种阅读和讨论的公共区间，把文学理论从学术机构内部应用到了社会历史、政治和

---

❶ 唐纳德·亨利·拉姆斯菲尔德（Donald Henry Rumsfeld，1932—2021），美国前国防部长，当代美国最具影响力的政治家和军事战略家。

❷ Eagleton, Terry. When Will Christ Come Again?[J]. New Blackfriars, 2021, 1099（102）: 318-321.

文化的广阔天地中，展现了文学隐蔽的社会批评功能。作为激进的政治左派，他的历史感和时代意识又使他不能在原地停留，不断地从一个理论焦点转移到另一个，如民族主义、后现代主义、意识形态、爱尔兰研究、文化、美学、伦理学和神学等，成为众人眼中"典型的流浪者"，他的思想始终在进行调整和进化，展现了"批评"几十年内变化的一个微缩图景。

本书按照时间顺序，对伊格尔顿理论进行归纳，希望通过描述其理论发展的轨迹，得出关于伊格尔顿马克思主义文学文化理论的总体认识和内在要素的逻辑关系。

第一节　伊格尔顿理论分期

虽然在马克思主义文学批评上建树颇丰，然而伊格尔顿的研究领域并不仅限于此。他从20世纪60年代至今的全部作品，囊括了美学、伦理学和神学等多个交叉领域的话题。他的涉猎如此广泛，以至于获得了"典型的流浪者"（quintessence wanderer）[1]这一并不十分具有善意的称号。这也从一个侧面展现了伊格尔顿学术思想的复杂性。从表面上看，伊格尔顿从1966年到目前的学术生涯，的确可以清晰地看到这种"流浪"的轨迹。总体上，20世纪60年代伊格尔顿以天主教左派文化政治批评登上学术舞台，到20世纪70年代开始转向马克思主义文学批评，再到20世纪80—90年代广泛涉足民族主义、意识形态、美学、爱尔兰研究等领域，他的理论从文学批评过渡为文化政治批评。进入21世纪，伊格尔顿又大幅度地转到伦理学、神学等领域，整个理论发展体现了一个不断调整、不断进化的过程。

第一个时期：从20世纪60年代中后期到20世纪70年代初期，伊格尔顿

---

[1] Jefferey J Williams. The Critic as Wanderer：Terry Eagleton [J]. Fordham University Press，2014：88.

第一章 绪 论

将天主教和新左派政治相结合，探索宗教、政治和社会生活等方面的现实问题。这个时期常常被大多数的伊格尔顿研究者有意无意地忽略。事实上，伊格尔顿之所以成为今天的伊格尔顿，这与20世纪60年代新左派运动影响下的新左派天主教徒（New Left Catholics）❶的文化政治实践有直接的关联。

作为新左派天主教徒的新生力量，伊格尔顿很快成为天主教左派期刊《斜向》（Slant）的创刊者和主笔之一，发表了大量关于基督教和左派政治结合可能性和前景的文章。1966年，他的第一部学术著作《新左派教会》（New Left Church）以一种激进的基督教的观点进行社会主义人道主义的文化政治批评，体现了伊格尔顿最初的学术理想。2006年，伊格尔顿在《理性、信仰与革命：上帝论战的反思》（Reason, Faith and Revolution, Reflections on God Debate）一书中承认，他是以业余神学家的身份走向学术舞台的，为自己这段经历进行了证言。

20世纪60年代末，随着第二次梵蒂冈大公会议热潮褪去及新左派政治主张的失败，《斜向》于1970年停刊。1970年，《作为语言的身体：新左派神学提纲》（The Body as Language: Outline of New Left Theology）是这一时期伊格尔顿神学的代表作，探讨了一些基本的神学问题和对左派政治的启示，为20世纪60年代后期的《斜向》事业做了总体的陈述，借助马克思主义和语言学理论的观念重新思考基督教的堕落和救赎的问题，充分表达了激进的基督教的可能性。该书论及了悲剧、身体和基督等问题，这些问题四十年后在伊格尔顿著作中再次重现。伊格尔顿本人也认为："《作为语言的身体：新左派神学提纲》是思想刚刚解放时的成果，这种思想解放是培养我成为理论研究者的温床。一切都起源于此，而不是起源于《莎士比亚与社会》（Shakespeare

---

❶ 威廉斯在《新左派天主教徒》（New Left Catholics）中用这一称谓来形容伊格尔顿等一批天主教左派。

and Society）."❶ 这个时期的社会主义/马克思主义和基督教神学的结合虽然无疾而终，但是许多问题和思考一直延续下去，成为伊格尔顿学术思想的重要来源。也正是从这时开始，伊格尔顿对宗教逐渐幻灭，不再自称天主教徒。随着佩里·安德森（Perry Anderson）执掌的《新左派评论》（New Left Review）对马克思主义最新研究成果的大量推介，伊格尔顿深入地钻研马克思主义，从一名社会主义者过渡到了坚定的马克思主义者。教会、文学和马克思主义的三叉戟被文学与马克思主义的"双刃剑"所取代。

天主教左派文化政治批评在伊格尔顿学术生涯中虽然只占有五年左右的时间，在此期间他发表的主要代表作品也只有《新左派教会》和《作为身体的语言：新左派神学提纲》两部，但是它代表了伊格尔顿思想形成的一个重要来源时期。虽然此后三十年，伊格尔顿再没有涉足神学，但是伊格尔顿自称他一直没有放弃过对神学的思考。这也解释了为什么进入21世纪后他突然表现出对形而上学或神学话题的大量关注。

第二个时期：从20世纪70年代初至80年代初，伊格尔顿批判地吸收阿尔都塞结构主义马克思主义的思想，转向马克思主义理论和文学批评。此时马克思主义文学批评尚未在英国立足，考察其历史背景并且使"文本科学"所必需的范畴系统化是伊格尔顿的主要意图。经历了前一个时期在威廉斯文化与社会框架内亦步亦趋的《莎士比亚与社会》和不太成功的《流放者和迁居者：现代文学研究》（Exiles and Émigrés：Studies in Modern Literature）之后，1976年，伊格尔顿在《批评与意识形态》（Criticism and Ideology）中专门对威廉斯的社会主义人本主义进行批判，一时间背上了离师叛道的骂名，但是伊格尔顿建立文本科学的努力获得了成功。该书成为他迄今为止理论性最强的一本著作，对文学与意识形态关系的详细分析和论断构成了伊格尔顿后来文化政治批

---

❶ Terry Eagleton. The Task of the Critic：Terry Eagleton in Dialogue [M]. London：Verso，2009：70.

第一章 绪 论

评的基石。他的另一部作品《马克思主义与文学批评》(*Marxism and Literary Criticism*)从"历史""形式""内容""倾向""作为生产者的作家"等方面对马克思主义的文学理论进行了介绍,这是伊格尔顿的理论普及化系列的开端之作。这个时期除了这一部晦涩、一部简洁的马克思主义文学批评著作外,1975年,伊格尔顿还创作了《权力的神话:勃朗特姐妹的马克思主义研究》(*Myths of Power: A Marxist Study of the Brontës*)。这三部作品分别涵盖了马克思主义文学文本批评理论建构、马克思主义文学批评史、马克思主义文本批评实践三个重要方面,标志伊格尔顿已全面转向了马克思主义文学批评,这一切都发生在左派危机之前充满着革命乐观主义的阶段。

第三个时期:20世纪80年代初至90年代末,伊格尔顿开始了批评者口中所谓的理论的"流浪"。进入20世纪80年代,左派政治斗争陷入低潮,《批评与意识形态》所处的乐观的革命形势荡然无存。正如伊恩·伯查尔(Ian Birchall)所说,伊格尔顿首先是革命家,其次才是文学批评家❶。伊格尔顿转向了本雅明(Benjamin)的革命批评,进一步为自己的马克思主义革命实践寻找理论根据。在马克思主义的旗帜下,批评的政治功能被放大。随着1981年《沃尔特·本雅明:或走向革命批评》(*Walter Benjamin, or Towards a Revolutionary Criticism*)、1983年《文学理论引论》、1984年《批评的功能》(*The Function of Criticism*)等作品的发表,伊格尔顿作为左派文学理论家开始声名大噪。

1992年,弗朗西斯·福山(Francis Fukuyama)在其发表的《历史的终结与最后一人》(*The End of History and the Last Man*)中指出,随着"冷战"的结束,人类的历史将随着西方自由主义民主价值观和市场经济模式在全球的普及而终结,自由民主将成为人类管理自身和规范社会的最完美的方式。"历史终结论"的兴起,使伊格尔顿的危机意识更加强烈。1990年《美学意识形态》

---

❶ 伯查尔,戴侃.伊格尔顿与马克思主义文学批评[J].国外社会科学,1983(1):36.

（*The Ideology of the Aesthetic*）、1996年《希斯克里夫与大灾荒》（*Heathcliff and the Great Hunger*）、1996年《后现代主义的幻象》（*The Illusions of Postmodernism*）、2000年《文化的观念》（*The Idea of Culture*）等著作从不同的方面表达出伊格尔顿揭露资本主义文化的本质，以及号召继续革命的努力。伊格尔顿在这个时期丰富的批评话题、不断更新的批评话语使他的文化政治批评进入大众视野。这是他最负盛名也是最受争议的时期。

第四个时期：21世纪初至今。进入21世纪，全球政治斗争形势变得更加复杂。新的形势和格局激发了伊格尔顿更强烈的危机感，促使他把关注的重点大幅度地转到早年曾经开拓的神学话题上，尝试在新的语境下，用更新的思维，提出更深刻的观点。2000年他在自传《看门人：回忆录》（*The Gatekeeper : A Memoir*）中回顾了自己的罗马天主教背景，表现出对宗教的辩证反思。2003年在《理论之后》（*After Theory*）中，伊格尔顿叙述了理论的兴衰，然后分四个方面进行了理论的初步建构。2003年在《甜蜜的暴力：悲剧的观念》（*Sweet Violence : The Idea of the Tragic*）中，他对悲剧进行政治研究；2005年在《神圣的恐怖》（*Holy Terror*）中，伊格尔顿谈到恐怖的观念研究要还原到其原始的语境中并进行形而上的研究时说："同样，它属于形而上学或神学转向（或者是回归），这是我的著作近些年来显示出的倾向。"❶ 这也正式承认了他作品中所表现的形而上学或神学转向。2009年，《理性、信仰和革命：关于上帝的论战》（*Reason, Faith, and Revolution : Reflections on the God Debate*）是21世纪伊格尔顿关于基督教神学的全面反思。他承认宗教对人类造成了无法言说的苦难，也赞同理性主义和人文主义批评者对宗教的批判，但是他指出轻易地否定宗教是对宗教同样的无知和偏见，一如克里斯托弗·希金斯（Christopher Higgins）和理查德·道金斯（Richard Dawkins）等新无神论者。宗教中蕴含着对人类有价值的思想，在激进左派亟须好的思想的时候，左派应该在宗教、

---

❶ Terry Eagleton. Holy Terror [M]. Oxford : Oxford University Press，2005.

神学所探讨的一些重要问题上打破沉默。至此,伊格尔顿明确发出了激进政治和基督教神学进行对话的宣言。

这四个时期分别代表了伊格尔顿在不同历史背景下对社会主义/马克思主义始终不变的追求。伊格尔顿曾多次声明,他是一个马克思主义者,而不是后马克思主义者。他所关注的始终是人类的生存境况和解放问题,而这些问题只有马克思主义才能给出答案。伊格尔顿学术生涯的第二至第三个时期最受人瞩目,他在马克思主义文学文本生产、文本意识形态、文化政治批评等方面的论述振聋发聩,但是仅从这一角度认识和评价伊格尔顿是不全面的。从2000年后伊格尔顿所展现的思想来看,仅从这个角度来看他是失之偏颇的。21世纪至今的二十余年,伊格尔顿批评话语表现出明显不同于其他三个时期的特点。他的批评话语所涉及的话题主要集中在伦理学、形而上学、神学和精神分析等似乎与马克思主义相去甚远的领域,但是这个时期也表现出了对马克思主义的坚守和对马克思主义文学理论的坚持。例如,他于2011年发表的《马克思为什么是对的》(*Why Marx was Right*)一文中,针对马克思过时论的十条最突出的言论进行了一一驳斥;2012年发表的《文学事件》(*The Event of Literature*),他通过文学和哲学角度对文学理论的定义和本质进行了思考。

2000年以后,伊格尔顿理论走向发生了显著的变化,但是这个变化并不是没有预示。在《理论之后》的前言中,伊格尔顿提到他的目的在于斥责现今正统的文化理论,因为正统的文化理论没有致力于解决那些足够敏锐的话题以适应政治局势的要求。他提出要努力阐述其原因并提出补救措施。因此,《理论之后》是一部承前启后之作。在评价了当前的形势和理论的兴衰之后,在后四章,伊格尔顿以"真理""德性和客观性""道德""革命""基础""基要主义者""死亡""邪恶""非存在"等明显具有形而上学风格的概念论辩开启了话语转变的序幕。

《理论之后》及后来的一些著作可以看作伊格尔顿的"补救措施"系列。

在2003年《甜蜜的暴力》中，伊格尔顿对悲剧这一过时的话题进行了政治的思考。在2005年《神圣的恐怖》中，他将恐怖的概念还原到形而上学的语境中进行追问。2008年，《陌生人的麻烦》(Trouble with Strangers: a Study of Ethics)将伦理学理论应用于拉康精神分析的"象征界""想象界""实在界"三个范畴。在2009年《论邪恶》(On Evil)中，他用弗洛伊德的精神分析来分析邪恶并揭示其神学的起源。在2009年《理性、信仰和革命：关于上帝的论战》中，他反对新无神论，积极探索可能对激进左派有用的神学话语。2011年他在《马克思为什么是对的》中驳斥了"马克思过时论"。在2012年《文学事件》中，他对文学理论进行重新思考。在2013年《怎么阅读文学》(How to Read Literature)中，他试图为读者提供可以进行政治和理论追问的批评话语。在2014年《文化与上帝之死》(Culture and the Death of God)中，他谈论当今世界上帝的缺失所引起的危机。2015年他在《没有乐观主义的希望》(Hope without Optimism)中探讨了在普遍感到没有未来的时代，"希望"作为一个被忽视的话题的政治、哲学和神学内涵。

伊格尔顿从21世纪初至今的创作总体上看有以下特点。

第一，伊格尔顿始终坚持马克思主义，并借用了伦理学、神学和精神分析等多个领域的话语以强化马克思主义。最突出的表现就是对神学话语的借用，伊格尔顿认为马克思主义从某种意义上说就是一种世俗化的福音，因此宗教作为人类情感最隐秘的传承，成为伊格尔顿表达马克思主义革命理想的最好的武器。

第二，伊格尔顿选择的都是一些所谓"过时的"话题，他坚持这些话题对激进政治具有重要的意义和作用。左派不应该对此保持沉默，而应该采取兼收并蓄的态度，尽可能地发现并吸纳一切有价值的话语。

第三，伊格尔顿对文学、哲学和神学等各学科的基本概念进行了大量思辨。他从马克思主义立场出发破除对概念认识上常见的偏见或谬误，提出在当前形势下如何正确理解这些概念以深化左派政治斗争话语。

第一章 绪 论

2000 年，马海良在《伊格尔顿的思想历程》[1]中明确提出伊格尔顿的思想经历了三个主要阶段：第一阶段，他的批评视角基本上是威廉斯的"文化与社会"理论，从社会物质关系诠释文学和文化，并注重文化与社会的互动关系；第二阶段，受阿尔都塞反人文主义的"科学的"马克思主义影响，试图建立一门以意识形态为基础的"文本科学"；第三阶段，仿佛回到"文化与社会"的问题框架，但是更强调文学的政治性，基本形成了他自己的"文化政治批判"理论。

总体上，受老师威廉斯的影响，伊格尔顿早期的著作如《莎士比亚与社会》完全是在威廉斯"文化与社会"问题框架内进行的理论探寻。20 世纪 70 年代，由于欧洲和美国的左翼政治活动加剧，也由于新的理论发展的需要，伊格尔顿的理论重心和学术观点都发生了深刻变化。他认为威廉斯等老一代的英国新左派的理论不够严密，对政治不够关心。这时阿尔都塞结构主义的马克思主义引起了伊格尔顿的关注，他一方面对经济决定论和机械反映论进行有力的批判，另一方面也努力挣脱英国自由人文主义、经验主义和实证主义哲学的传统束缚。同时，他（Bertolt Brecht）接受了本雅明和布莱希特的理论，重新思考社会主义文化理论和文化实践之间的关系，并且越来越重视艺术的政治作用。1976 年，伊格尔顿出版了《批评与意识形态》和《马克思主义与文学批评》两部代表作，首次展示并从此开始致力于对意识形态的批评。20 世纪 80 年代以后，伊格尔顿偏离和扬弃了阿尔都塞学派的理论。《沃尔特·本雅明：或走向革命批评》的出版标志着伊格尔顿从文学文本向文化文本、从"科学"体系向"政治"实践的重大转变，或者更准确地说是回归，回归到了威廉斯。他认为自己的问题"不是与威廉斯在理论上有分歧，而是对作品的政治力量是否赞同的问题：他对批评家在学术界作用的态度、对文学批评应该是什么的态度，以及对文化研究和跨越学科界限之必要性的姿态"。他认为

---

[1] 马海良. 伊格尔顿的思想历程 [J]. 山西大学学报（哲学社会科学版），2000，23（2）：51-54.

所有这些在威廉斯的作品里从一开始就明显存在，而正是这些因素使他返回到威廉斯，因为它们的确比那些先前的理论区分更加重要。

进入 21 世纪以来，伊格尔顿除了继续深化其文化政治批评外，其视野更加多元。他站在更高的领地捍卫了马克思主义，促进了文学批评传统的传承和跨学科的对话及融合。他连续出版了《文化的观念》《甜蜜的暴力：悲剧的观念》《理论之后》等近二十部著作，蔚为大观。总而言之，伊格尔顿 21 世纪以来的理论建立在马克思主义和文学两大支柱上，与前三个时期保持着连续性；但是伊格尔顿在面对更复杂的国际政治形势时，对激进左派政治斗争话语的选择采取多元化的倾向，广泛运用了哲学、形而上学、伦理学和精神分析，特别是神学的话语体系，表现出对早年天主教左派文化政治批评实践的回归。对伊格尔顿来说，马克思主义和基督教思想不仅提供了个人转型，还提供了社会和政治转型的愿景，一个充满希望的未来。因此，新时期从继承、发展与创新的视角研究伊格尔顿的文学文化理论，特别是其对其他不同话语体系里基本概念的分析，用来印证"马克思为什么是正确的"，具有一定的理论和实践意义。

第二节 国内外研究现状

一、国外研究现状

伊格尔顿在当代西方思想界是继威廉斯之后英国最杰出的文学理论家、文化批评家和马克思主义理论家之一，尽管他是一位世界范围内活跃和多产的批评理论家，他的话语也总是被人当作权威性的语录来引用，但因为他经常使用所谓的"非主流"写作，时常用尖锐犀利、刨根问底的方式向整个学界开战而引来各种争议。国外的伊格尔顿研究相对于其他马克思主义文学理论家研究来说，显得不那么兴盛，甚至平淡和滞后得让人觉得不可思议。

第一章 绪 论

国外研究除了一些零星的评论文章，比较有代表性的研究结果如下。

1990年，在菲利普·戈尔德斯坦（Philip Goldstein）的《文学理论的政治学：马克思主义批评引论》(The Politics of Literary Theory: An Introduction to Marxist Criticism)中，有一章"形式方法的马克思主义版本：特里·伊格尔顿（Marxist Versions of the Formal Method: Terry Eagleton）"介绍了伊格尔顿在阿尔都塞结构主义马克思主义思想影响下形成的对有关文学形式方面的看法。

1998年，由斯蒂芬·里根（Stephen Reagan）选编的《伊格尔顿读本》(The Eagleton Reader)由布莱克威尔公司出版，这是第一部由别人选编的伊格尔顿读本。此书首次集中呈现其大量论文、讲座及评论选稿，对伊格尔顿关于文学批评理论、政治理论、美学、意识形态观等思想做了很好的展示。伊格尔顿本人对此作出评价："斯蒂芬·里根比我本人更了解我的作品。"

2004年，戴维·阿德森（David Alderson）撰写了第一部有关伊格尔顿思想研究的专著《特里·伊格尔顿》(Terry Eagleton)，详细讨论了伊格尔顿关于爱尔兰文化思想研究的文章，并评价其在马克思主义理论与后现代主义交战中的得失。这部著作主要是评述伊格尔顿的文化批评理论，并对其中后现代主义、后殖民理论、历史修正主义等思想理论的形成过程与特点进行分析。

2004年，英国著名评论家戴维·洛奇（David Lodge）在《纽约书评》(New York Review)发表评论《向这一切说再见》(Goodbye to All That)。他对伊格尔顿的《理论之后》进行了评价与分析，指出批评理论已经被怀疑、被颠覆。伊格尔顿面对这样的状况试图召回传统理论，对理论进行重新建构。

2006年，卡耐基梅隆大学的文化教授杰夫里·威廉斯（Jeffrey Williams）发表《流浪者：特里·伊格尔顿》(Terry Eagleton, the Wanderer)。他认为伊格尔顿是一位"流浪者"，他不局限于一个固定的知识领域，而是像一位"流浪者"；从一个"流浪者"的角度，俯瞰整个知识领域。

2008年，詹姆斯·史密斯（James Smith）的《特里·伊格尔顿：批评引论》

（*Terry Eagleton: an Introduction*）出版，涵盖了伊格尔顿几乎全部的学术史，是迄今研究伊格尔顿马克思主义批评和文化理论方面最重要的著作。史密斯研究首次专辟章节论述了伊格尔顿几乎不为读者所知的20世纪60年代天主教左派政治活动和创作，认为其是理解伊格尔顿批评视角形成的重要因素，并且是他作品中最近出现的"形而上学或神学转向"的前兆。史密斯指出，1962—1965年如火如荼的第二次梵蒂冈大公会议和20世纪50年代末兴起的新左派，是天主教左派政治的两大历史背景。天主教神学是伊格尔顿最初的创作和学术活动领域，作为天主教期刊《斜向》的主创编辑之一，伊格尔顿致力于挑战天主教教会的内部结构和信仰，并以天主教徒的身份参与到更广阔的新左派运动中去。伊格尔顿《斜向》活动重要的一个方面就是在基督教信仰和社会主义之间寻求统一，并对此进行理论化。早年的伊格尔顿关于神学方面的著作《新左派教会》和《作为语言的身体：新左派神学提纲》的核心思想就是要证明：天主教信仰是唯物主义者政治运动的重要伦理背景，激进的政治运动和天主教思想并不矛盾，社会主义者和天主教思想的矛盾是可以调和的。也就是说，马克思主义和基督教思想在某种程度上是可以架构、相互对话的。因此，史密斯认为伊格尔顿的神学转向与当代其他神学转向的代表人物，如齐泽克（Slavoj Žižek）、德里达（Jacques Derrida）、巴迪欧（Alain Badiou）不同，伊格尔顿具有自己的特点。他的转向呼应20世纪60年代《斜向》时期曾经讨论的话题，并在此基础上有了更深层次的认识。

史密斯进一步指出，伊格尔顿在21世纪具有"重申悲剧""理论之后寻求新理论""回到文学"三大主要特点。2003年，在《理论之后》中，伊格尔顿指出了世俗批判理论的局限性，号召重新返回"道德""死亡""虚无"等问题，关注宗教的政治任务，指示了"理论之后"的理论走向。在《甜蜜的暴力：悲剧的观念》中，伊格尔顿重新思考了"悲剧""牺牲"和"穷苦人"问题。基于威廉斯在《现代悲剧》（*Modern Tragedy*）中最初提出的物质世界中真正悲剧的存在，他从具有政治意义的启蒙神学观念出发，重新讨论了这些问题。伊格尔顿强调了苦难作为人类共同感知的情感在实现团结上的重要性。只要理解了苦难是无法忍受的，就解锁了一种激进的可能性。伊格尔顿用神学话语扩展了威廉斯对悲剧的阐释，将苦难作为对马克思主义历史观的启示。马克思主义的乌托邦不仅是消除苦难，而且是带着这样的希望理解现在的堕落和苦难，最终成为代表苦难悲剧观的一种哲学。史密斯明确了伊格尔顿在21世纪初所凸显的这些思考和问题都直接来源于20世纪60年代。社会主义/马克思主义与基督教神学最初就是以作为同样的激进革命理想的学说在伊格尔顿思想中树立起来的。伊格尔顿对"新的理论"的强调、对文学批评的回归，都是对马克思主义现代价值的呼吁和追求。

二、国内研究现状

虽然伊格尔顿是当代西方颇负盛名的文学批评家、文化理论研究者，但无论国外还是国内，对其研究仍均处于有待推进的阶段。就国内来说，伊格尔顿是中国改革开放后最早介绍进来的西方马克思主义理论家之一。经过翻译者的努力，截至目前，国内翻译出版伊格尔顿的专著已经达到20余部。关于伊格尔顿具体研究论文自1980年以来有300多篇，其中包括40余篇优秀硕博士论文，还包括一些零散的访谈对话的中译文。目前，对伊格尔顿的研究呈逐步升温的趋势，但是总体上趋同研究较多，具有权威性、代表性的研究成果不多。

（一）对伊格尔顿著作的译介

有关伊格尔顿著作的译介呈逐年增加的趋势，并与伊格尔顿著作国外出版时间间隔缩短。

1980年，伊格尔顿的《马克思主义与文学批评》促进了国内学者对西方马克思主义最新研究成果的了解。

20世纪90年代，伊格尔顿的 Literary Theory: an Introduction 出现了三个版本的中译本：《20世纪西方文学理论》，伍晓明译，陕西师范大学出版社1986年出版；《文学理论引论》，刘峰译，文化艺术出版社1987年出版；《当代西方文学理论》，王逢振译，中国社会科学出版社1988年出版。

1997年，《美学意识形态》，王杰等译，广西师范大学出版社出版，2001年再版，更名为《审美意识形态》；2014年，《美学意识形态（修订版）》，中央编译出版社出版。

1999年，马海良节选伊格尔顿的部分著作篇章或论文，结集成册——《历史中的政治、哲学、爱欲》，中国社会科学院出版社出版。

2002年，《后现代主义的幻象》，华明译，商务印书馆出版。

2003年，《文化的观念》，方杰译，南京大学出版社出版。

2005年，《沃尔特·本雅明：或走向革命批评》，郭国良、陆汉臻译，译林出版社出版。

2007年，《甜蜜的暴力：悲剧的观念》，方杰、方宸译，南京大学出版社出版。

2009年，《理论之后》，商正译，商务印书馆出版。

2011年，《马克思为什么是对的》，李杨、任文科、郑义译，新星出版社出版。

2012年，《人生的意义》，朱新伟译，译林出版社出版。

2014年，《异端人物》，刘超、陈叶译，江苏人民出版社出版。

2014年，《论邪恶：恐怖行为忧思录》，林雅华译，湖南人民出版社出版。

2015年，《文学阅读指南》，范浩译，河南大学出版社出版。

2016年，《如何读诗》，陈太胜译，北京大学出版社出版。

2017年，《文学事件》，阴志科、陈晓菲校译，河南人民出版社出版。

2018年，《论文化》，张新语译，中信出版集团出版。

2019年，《勃朗特姐妹》，高晓玲译，中信出版集团出版。

2021年,《文学的读法》,吴文权译,海峡出版社出版。

2021年,《批评与意识形态》,段吉方、穆宝清译,北京出版社出版。

2021年,《论牺牲》,林云柯译,上海人民出版社出版。

截至目前,伊格尔顿主要研究领域的著作都不同程度地有所涉及。

(二)理论研究

(1)书评。刘峰的《谈伊格尔顿的〈文学原理引论〉》(《文艺理论与批评》1987年第2期);程代熙的《西方当代文艺理论:流派与流变——读伊格尔顿的〈文学原理引论〉》(《文艺理论与批评》1988年第6期);赵昌龙的《审美实践与审美乌托邦——评伊格尔顿的〈审美意识形态〉》(《四川大学学报(哲学社会科学版)》1993年第2期);陆扬的《读伊格尔顿〈美学意识形态〉》(《文艺理论与批评》1999年第1期)等。

(2)对其相关思想的述评。郭志今的《文学与意识形态——伊格尔顿文学批评理论评析》(《浙江社会科学》1992年第3期);冯宪光的《论伊格尔顿的文化生产美学》(《文艺理论与批评》1997年第3期)。这时期的研究通常局限在伊格尔顿著作本身,比较孤立地介绍或评述著作中的相关观点。

(3)文化政治批评、意识形态和审美研究等。代表性成果:马海良2000年的博士论文《历史—意识形态—文本——伊格尔顿文化政治批评方法的逻辑》(后修订为《文化政治美学——伊格尔顿批评理论研究》,2004年由中国社会科学出版社出版);柴焰2003年的博士论文《政治与审美意识形态》(后修订为《伊格尔顿文艺思想研究》,2004年由中国海洋大学出版社出版);胡友珍2005年的博士论文《犀利的文化瞭望者——伊格尔顿的文化批评观》;方珏2006年的博士论文《伊格尔顿意识形态理论探要》(后修订为《伊格尔顿意识形态理论探要》,2008年由重庆出版社出版);段吉方2004年的博士论文

《意识形态与政治批评》(后修订为《意识形态与审美话语：伊格尔顿文学批评理论研究》,由人民文学出版社 2010 年出版);王天保的《审美意识形态的辩证法——伊格尔顿美学思想》(由河南文艺出版社 2007 年出版),着重探讨伊格尔顿的美学思想及与马克思主义辩证法的思想渊源关系等。这些研究主要通过对伊格尔顿各时期各领域的相关思想(文学政治批评观、意识形态、审美话语和后现代主义批评)进行辩证分析,注意将相关观点放在英国文学批评史、文化研究史和西方马克思主义史的宏大视野中加以考察,拓宽了研究的广度和深度。

(4)伦理政治研究。2013 年赵光慧的《超越文化政治》(河海大学出版社)从伊格尔顿的意识形态批评理论入手,探讨了他的批评所涉及的广阔领域,分析了他的批评特征,揭示了他批评话语的真实指向,努力描绘出伊格尔顿的批评理论如何超越文化政治的特征,肯定了他的乌托邦理想对人类社会的积极作用;结语部分辩证地评价了他的批评观并指出他的批评理论对中国批评界的借鉴意义。

2015 年,林骊珠的《亚里士多德、上帝与马克思的邂逅：伊格尔顿的马克思主义伦理—政治批评研究》(中国社会科学出版社)。作者以"伦理—政治"为主线,对英国马克思主义批评家伊格尔顿在文学、神学和哲学三个领域的伦理批评实践进行了详细梳理,将其伦理观的核心内容归纳为三个方面："人之德性""爱的律法"和"互惠发展"。这一伦理观不仅吸纳了人文主义、犹太—基督教神学与马克思主义的精髓,同时也汇聚了伊格尔顿本人根据拉康精神分析理论的三个范畴概念所划分的想象界、符号界与实在界三个领域的伦理学分别具有的优势和长处。

2019 年,阴志科的《回归古典:新世纪伊格尔顿文论研究》(中国社会科学出版社),试图通过一种总体化视角对伊格尔顿明显"化用"了亚里士多德的诗学、伦理学、形而上学思想的这种回归予以审视。这本书的主要内容包括《理论之后》的后四章解读、亚里士多德的浮现、伊格尔顿论"摹仿"与"虚构"等。

（5）对伊格尔顿的专题研究。2013年，肖琼的《伊格尔顿悲剧理论研究》（中国书籍出版社），是首部关注伊格尔顿悲剧观的作品。2020年贾洁的《伊格尔顿的爱尔兰文化研究》（河北大学出版社），是首部关于爱尔兰研究的著作。

《回归古典：新世纪伊格尔顿文化研究》《伊格尔顿悲剧理论研究》这些著作主要研究伊格尔顿在21世纪的创作和理论，提出了不同于国内第一批伊格尔顿研究者的视角和观点，特别是对伊格尔顿的理论转向进行了关注和评价。

（6）神学转向研究。近十年来，随着国外的伊格尔顿研究者开始注意伊格尔顿早期天主教左派活动的重要性，明确其是伊格尔顿神学转向的前兆，国内的学者也涌现出了对伊格尔顿神学的关注，张良丛最早对伊格尔顿的神学转向进行了述评。在《试论伊格尔顿思想的神学维度》❶中，他记述伊格尔顿20世纪60年代围绕《斜向》所进行的天主教左派文化政治批评活动，赫伯特·麦凯布和劳伦斯·布赖特两位多明我会（Dominican Order）神学家对他的影响，阐释了伊格尔顿20世纪60年代的作品和21世纪的作品中对神学伦理主题的深化，提出理解伊格尔顿神学的关键在于把握他对宗教的双重理解，即对具体的宗教的批判和作为一种形而上思想的宗教和神学，只有在后者的意义上，才能把握伊格尔顿神学的实质。同时，他指出伊格尔顿马克思主义和神学的结合是建立在政治批评的语境上的，马克思主义神学家伊格尔顿在关注现实缺陷的基础上进行政治批评，构筑起人类美好的未来。

耿幼壮是国内正面关注伊格尔顿神学转向的重要学者之一，他认为国内学者对伊格尔顿神学转向的淡漠反映出来的更多是一种惊恐和气恼。❷这主要是

---

❶ 详见《基督教文化学刊》2009年第22辑。
❷ Geng Youzhuang. Miracles and Revolutionary Reversals：Terry Eagleton's Theological Turn [J]. Literature and Theology，2012（3）：323-337.

因为伊格尔顿在中国一直被认为是西方马克思主义的代表,研究也主要基于伊格尔顿的创作和马克思主义的关系展开。伊格尔顿的神学转向使很多研究者不能适应。但是,随着后现代主义研究的萧条,宗教和神学研究成为人们解决不断变化的社会问题的理论来源和新的焦点。耿幼壮预言马克思主义和神学的关系将会引起越来越多中国学者的关注。他主编的以西方马克思主义和神学为主题的《基督教文化学刊》在这方面做了很多推动工作。但是到目前为止,国内对伊格尔顿神学转向的反响和关注程度依然十分微弱,对他神学转向的认识也并没有完全明确和取得共识。正如程朝翔教授指出:"'理论之后',似乎已经不可能有纯粹的哲学,也不可能有纯粹的美学和伦理学,对于伦理学的关注更多地走向了形而上学和辩证哲学。在这一背景下,形而上学转向、神学转向、辩证转向似乎更具动力。"❶基于这一认识,21世纪的文学、文化批评理论研究应该以更加融合、开放的姿态,在人类命运共同体理念的指引下,探索更普遍、更基础的共同价值观和实践路径。

综上,对于伊格尔顿来说,马克思主义是关于人类解放的最先进的学说,虽然并不是解决一切问题的万灵药,但是马克思主义相信历史的必然性,具有对尚不可见的未来的希望和信仰,这一切蕴含着重要的价值。因此,21世纪伊格尔顿的理论动向主要集中在马克思主义和神学的共同话题。但是伊格尔顿的本意并不是用神学来为马克思主义正名,也不是用马克思主义来为神学寻找科学性。"理论之后"新的理论焦点在于如何消除左派在政治上极为严重的健忘症。伊格尔顿的用意就在于利用神学来拓展左派的政治话语,引领激进政治走出衰败之地。因此,伊格尔顿对马克思主义的当代坚守必须作为首要重点,在此基础上来理解和分析伊格尔顿的神学、伦理学、形而上学和哲学等话语才具有理论和现实意义,也是对其同时期所展现的文学转向和身体转向进行正确理解的前提和基础。

---

❶ 程朝翔. 理论之后,哲学登场——西方文学理论发展新趋势[J]. 外国文学评论,2014(4):238.

针对以上国内外研究尚未充分展开的话题，本书探索 21 世纪伊格尔顿文学文化理论，以政治性为主要视角，挖掘其转向的来源，探索对资本主义文化和社会的现实批判，突出伊格尔顿神学话语和马克思主义的对话，分析伊格尔顿文学理论对社会主义物质文明和精神文明建设的启示意义。

第三节　本书研究概况

一、研究对象、目标

聚焦激进文化左派政治视野下，在全球资本主义经济危机、战争、灾荒等种种悲剧和苦难的巨大冲击之下，伊格尔顿围绕资本主义的种种表现形式，对当代马克思主义文化理论进行思考和部署，特别是针对文化的危机、文学批评的危机和马克思主义的危机展开了一系列补救措施。本书从伊格尔顿 20 世纪 60 年代天主教左派文化实践入手，分析伊格尔顿神学转向的源头，20 世纪 80 年代伊格尔顿倡导的政治批评到 20 世纪 90 年代伊格尔顿对后现代主义的批判，对文化的分析和祛魅，21 世纪至今对马克思主义批评的深化和拓展，对神学话语进行借用，阐释神学和马克思主义共同的解放理想，以及对伊格尔顿文化理论进行反思，试图描绘 21 世纪伊格尔顿文化理论的脉络。

本书研究的主要观点："理论之后"伊格尔顿思想变化和发展的主线是对激进左派政治斗争话语的补救，主要通过对后现代文化理论的批判、对神学话语的借用、对文学形式批评的强化，提出身体唯物主义，以及在此基础上对当代马克思主义文化理论的推进。在面对激进左派政治斗争僵局时，伊格尔顿提出的补救措施和其他深化激进政治话语的主张，围绕马克思主义与神学、形而上学的交叉点，特别是通过借用神学和形而上学话语表达人类命运的宏大叙事，将宗教的强度和日常生活的自发性相统一。他以马克思主义作为世俗的激进主义，坚持其解放理想和实践的正确性。他既肯定宗教不破不立价值观所具有的一定政治意义，又对日常生活的完整性保持尊重，强调共同的思想、共同的感觉和经验，突出身体的先天生物性以对抗文化的后天构成性，倡导爱与互惠的伦理，促进团结与共识的实现。面对马克思主义文学批评在当代遭遇的重大危机和被后现代主义文化理论取代的危险，他号召文学批评必须加强对文学形式的分析，作为政治对抗的有效手段，保持文学批评的本体地位。作为马克思主义文学批评家，他用神学等替代性政治话语与文学批评在"策略"的层面上互相融合，共同作用于社会主义离散空间，指向共同革命的未来。在此基础上，伊格尔顿提出了身体唯物主义，对于促进社会主义文化、加强人与人之间的沟通和互动具有积极的意义。

二、研究重点和难点

伊格尔顿文化理论较为纷繁复杂。他对多重问题的关注使人们对他的分析和研究也显得分散和片面。显然，仅从历时或共时角度对伊格尔顿进行研究都是不够的。伊格尔顿具有强烈的问题意识，他的全部理论论争都是要解决人类解放这个命题。他关注生命和信念，挖掘生命的意义和价值；他拥抱马克思主义，坚信"一切人类历史是阶级斗争史"；他始终以发展的眼光看问题，牢牢把握物质和精神的辩证关系。因此，在研究伊格尔顿文化理论时，要紧密结合伊格尔顿的唯物史观和辩证法，对他的批评方法和批评实践进行理论溯源，突破文本研究的壁垒，从人的自我改造、社会和文明的进步和发展等角度进行追踪，分析批评作为一种社会活动的本质和属性及意义和价值。因此，本书从政治批评、文化批评和马克思主义批评三个主要维度研究伊格尔顿文化理论，在此基础上，对伊格尔顿文化理论进行整体和横截面分析。

三、研究方法

本书综合运用历史唯物主义和辩证唯物主义方法、逻辑分析法、文献分析法及文本细读等方法，对伊格尔顿"理论之后"的文化理论进行了全面梳理、分析和评价。

（1）运用历史唯物主义和辩证唯物主义方法，针对伊格尔顿对文学、文化、宗教和哲学等的分析和阐释，结合伊格尔顿整体学术生涯，论证伊格尔顿文化理论的历史唯物主义和辩证唯物主义基础。树立政治性为伊格尔顿文化理论研究的主要切入点，即伊格尔顿对马克思主义的在场性和资本主义最终灭亡的信念。面对阶级问题逐渐被性别和身份问题所取代的现状，对阶级斗争的有效性和对新的思维方式、政治归属方式进行探索。

（2）通过逻辑分析法，将伊格尔顿21世纪文化理论分类为政治批评、文化批评、马克思主义批评等几个方面，明确主要研究内容，展现伊格尔顿"理论之后"文化理论发展路径和轨迹。

（3）天主教左派时期是伊格尔顿思想的发源时期，是伊格尔顿神学转向的回溯原点。对天主教左派政治活动进行研究是伊格尔顿研究开展的前提之一，本书采用文献研究法对天主教左派时期伊格尔顿的文化政治活动进行探寻，试图较为系统地把握伊格尔顿思想的脉络和焦点，为伊格尔顿"理论之后"突出表现为对神学话语借用提供根据。

（4）采用文本细读法对伊格尔顿的主要理论文本进行梳理。伊格尔顿学术生涯至今发表了近60部著作。其中，本书依据主要著作20余部，同时还有相关时期伊格尔顿所发表的期刊文章、对伊格尔顿著作的评论、伊格尔顿研究专著和合集等。本书基于伊格尔顿理论文本批评化写作风格、夸张反讽的文风及缺乏理论性的特点，通过文本细读，对伊格尔顿理论文本进行详细阅读、比较分析，从整体上归纳伊格尔顿"理论之后"文化理论的基本理论主张并对其进行价值判断。

四、研究意义和主要创新点

目前,学界对近年来的伊格尔顿研究十分缺乏,本书可以在一定范围内丰富伊格尔顿后期文化理论的研究。本书的主要研究意义体现在以下四点。

首先,对于伊格尔顿研究领域的拓展。伊格尔顿理论在"理论之后",特别是21世纪以来,表现出明显不同于之前时期的特点。目前,国内外研究,特别是国内研究对伊格尔顿最新理论和动态研究相对较少。现有的关于新时期伊格尔顿理论研究主要从伊格尔顿理论的某一方面展开,如悲剧研究、伦理学研究等,缺乏对伊格尔顿创作生涯的整体分析。本书将是一个有意义的补充,也是对伊格尔顿文化理论研究的有益拓展。

其次,对伊格尔顿神学话语的深入探索。伊格尔顿的神学话语引起了广泛的争议,本书对其产生、发展进行了一定的追溯,对当前在西方马克思主义信仰危机下,神学话语作为激进左派的一种出奇制胜话语的现实意义进行了分析。

再次,对伊格尔顿所提出的身体唯物主义进行了初步探讨。身体唯物主义是伊格尔顿对后现代身体理论的理论反击。本书从伊格尔顿对社会无意识文化的阐释出发,对身体唯物主义的理论基础进行了论证,并将其与社会主义文化离散空间相关联,力图把握伊格尔顿文化理论的脉络。

最后,对伊格尔顿文化理论进行整体反思,提出其表征为整体辩证观、策略话语观、超语言批评观,加强对伊格尔顿文化理论的全面反思。

本书的创新之处有以下两点。

第一,研究关注伊格尔顿基于激进政治理想的文化理论,指出伊格尔顿马克思主义文化理论的发展脉络以及伊格尔顿对多种激进话语体系的利用。伊格尔顿坚持经典马克思主义对资本主义社会进行分析和批判,对伊格尔顿理论的探讨应围绕他对人类解放理想矢志不渝的追求。

第二，研究将伊格尔顿文化理论分类为文化批判、神学话语、文学批评和身体唯物主义，体现了伊格尔顿对文化危机、文学危机、马克思主义信仰危机的应对，表明伊格尔顿理论的驱动力始终是对现实的反映。文学和文化是政治批评的有效手段，在伊格尔顿理论中处于一种功能性的存在。文学批评、文化政治批评、宗教批评或伦理批评等都不应该是伊格尔顿理论定性的标识。伊格尔顿理论整体上是一种策略的理论，是根据不同政治历史时期有针对性地对不同批评方法的建构性选择。

总体上，研究伊格尔顿"理论之后"马克思主义视域下的文化理论，伊格尔顿对经典马克思主义的理解、阐释、继承和发展，对晚期资本主义的分析、批判及斗争手段，基于历史唯物主义和辩证唯物主义对人的发展的科学预测、对人类解放的执着追求与当前对"人类命运共同体"的追求和向往、人类共同利益和共同价值的理念具有相同的旨归，在某种程度上对我们开阔思路、丰富和发展社会主义文化理论和批评方法具有启发作用。2011 年，《诺顿文学理论和批评选集》(*The Norton Anthology of Theory and Criticism*) 的问世，标志着文学理论已经不再代表着激进抗争，而成了学术市场上的一种商品。文化理论也紧随文学理论，更多地表现为待价而沽的学术资本而非指导激进政治实践的武器。伊格尔顿致力于改变这种现状，他的学术探索对于推进政治左派的激进斗争起到重要的作用。

第二章 伊格尔顿早年政治批评实践

20世纪60年代，在新左派和第二次梵蒂冈大公会议双重背景影响下形成的英国天主教左派，以期刊《斜向》为阵地，对教会、圣餐、礼仪、文化和社会生活等各方面的话题进行了大胆的探讨和批判，促成了马克思主义和天主教神学的对话。伊格尔顿作为新左派天主教徒的中坚分子，积极参与并领导了20世纪60年代的《斜向》的事业，为自己标志性的文化政治批评奠定了根基。21世纪伊格尔顿的形而上学转向就是对这个阶段马克思主义和神学对话成果的呼应和回归。

20世纪60年代，在政治和宗教两股力量的交汇中形成的新神学的倡导者，经常被冠以新左派、天主教左派、新左派天主教派、基督教左派等各种名称。这些名称代表了他们的身份，即具有新左派思想的罗马天主教徒。他们所倡导的新神学，是一种与马克思主义进行对话的神学。先后受到20世纪60年代的新左派运动和第二次梵蒂冈大公会议的影响，新左派神学成为20世纪60年代英国一种独特的文化、政治批评现象。推动它的十二月小组（December Group）和期刊《斜向》，以及所引发的对当代政治、宗教和文化问题的深入探讨，则成为珍贵的文化政治实践案例。

20世纪60年代，世俗乐观主义在整个西方世界持续高涨。帝国主义的衰落、第三世界国家的崛起、新的政治秩序的建立仿佛就在眼前。约翰二十三世（1958—1963年任教皇）敏锐地意识到了教会与世界的隔离，他下令召开第二次梵蒂冈大公会议，讨论教会如何"跟上时代"的问题。1962年10月至

1965年12月，罗马天主教会在罗马圣彼得大教堂召开第二次梵蒂冈大公会议。2450多名来自世界各地的主教聚集在罗马讨论天主教会未来的发展问题。此次大会前后历时三年多，经过反复讨论、辩论，甚至争吵，大会通过了"四个宪章""九个法令""三个宣言"等，共计十六份文件。这是当代罗马天主教会中最具有决定意义的思想运动、宗教和政治事件，规模最大、参加人数最多、发表文件最多、涉及范围最广，为教会带来了具有重大历史意义的变革。

第二次梵蒂冈大公会议成为基督教神学发展史上的分水岭。约翰二十三世面向全世界和全人类发表了教皇通谕《世上和平》，向全体天主教会和全世界宣布，罗马天主教会为适应时代，决定"对教会实行革新""教会向全世界开放"，教会要"与所有一切有良好愿望的人对话"。

罗马天主教会的对话对象也包括无神论唯物主义者，即马克思主义者、共产主义者，这是罗马天主教会反共策略的重大转变。"在第二次梵蒂冈大公会议之后那些令人兴奋的日子里，任何人只要能拼出施莱比克斯（Schillebeeckx）❶的名字就马上会被加到位于奈梅亨（Nijmegen）的一些晦涩的神学杂志的编委会上。"❷ 1961—1970年，受第二次梵蒂冈大公会议所带来的宗教改革浪潮的冲击，伊格尔顿主要和剑桥的天主教派多明我会交往甚密，在劳伦斯·布莱特和赫伯特·麦凯布的启示下，他终于认识到天主教徒和左派身份完全能够统一，这不啻一次思想大解放。伊格尔顿开始积极地从事天主教左派政治活动。

第一节 20世纪60年代的天主教左派

英国的天主教左派主要是20世纪60年代聚集在剑桥大学受新左派影响的

---

❶ 施莱比克斯（Edward Schillebeeckx，1914—2009），多明我会神学家。
❷ Eagleton T. Reason, Faith, & Revolution : Reflections on the God Debate [M]. New Haven : Yale University Press, 2009 : 2.

天主教学生的自称，与天主教中的左翼分子一起共同致力于将天主教改革和马克思主义相结合，探索一条更加具有说服力和可行性的革命之路。新左派和第二次梵蒂冈大公会议是天主教左派形成的两大重要背景和推动因素。政治和宗教上同时发生的伟大革新，使天主教左派在特殊的历史时期为扩展和深化天主教激进主义做出了独特的贡献。

  新左派的出现与20世纪50年代末重大的政治历史事件紧密相连。在第二次世界大战中迅速扩大的英国共产党随着战争结束和冷战的到来，经历了迅速的衰落。1956年，对苏联入侵匈牙利的不满和英法对苏伊士运河区的军事打击的失望，使7000多名党员脱党或加入托洛茨基组织。❶英国第一代新左派由此诞生。"俄国革命已退化成斯大林主义，对我们来说，匈牙利事件之后的社会主义者，心中必须带有代表着20世纪左派的悲剧感。"❷新左派力图在这两大事件的隐喻之外开拓一个第三政治空间，打破冷战之后的冰河时代，致力于一个新的社会主义事业的突破。从法国的新左运动（nouvelle gauche）借来"新左派"一词并吸收了法国同仁开辟的独立于斯大林主义和其他社会主义民主政治、超越北约与华约军事集团、反对苏联及美国在欧洲的势力的第三条道路的思维，新左派以不同于老左派的特征，开始了自己的政治革命之路。这些脱党的前共产党人和一些进步的大学学者，分别创立了《新理性者》（*The New Reasoner*）、《大学与左派评论》（*Universities and Left Review*）两份杂志，工作人员来源不同，对马克思主义的态度也不尽相同。围绕着《新理性者》的是以爱德华·汤普森（Edward Thompson）等前共产党员为代表的新左派，批判斯大林主义，号召新的社会革命新策略，即一种以道德为核心的社会主义人文主义价值观。虽然自认为仍在按照马克思主义的立场与思维方式工作，但是他们

---

❶ Laybourn K. Marxism in Britain：Dissent，Decline and Re-emergence 1945-c. 2000 [M]. Routledge，2006：12.

❷ Hall S. Life and times of the first new left [J]. New Left Review，2010，61（1）：177.

对马克思主义的理解与传统的马克思主义历史唯物主义已有很大的差别。而主要以成长在第二次世界大战后的以大学生新左派为主的《大学与左派评论》则兼收并蓄，主张发现新的理论和新的策略。第一代新左派中的两股力量：持不同政见的退党的共产党员与学院派的社会主义者，既互相斗争又互为补充，对马克思主义做出了重新评论和解释，为马克思主义理论在英国的发展打下了基础。新左派的两个不同的来源对后来的天主教左派产生了重要的影响，天主教左派的思想构成体现出对两者的兼收并蓄。

《新理性者》的创立者爱德华·汤普森和约翰·萨维尔（John Saville），1956年退党之后在一个声明中宣称"要在党派阻碍之外进行一场新的思想的运动"。这种政治理想无疑获得了成功。与《大学与左派评论》遥相呼应，这些前共产党员倡导去斯大林主义化的社会主义人文主义，积极进行革新的马克思主义思想的传播及发动核武器裁军游行等政治实践活动，甚至参与了政治选举。在1959年西法夫地区的大选中，法夫社会主义联盟推选的矿工领袖劳伦斯·戴利（Lawrence Daly）赢得了5000张选票，击败了共产党和保守党的候选人。新左派俨然就要成为一种真正的政治力量。但是爱德华·汤普森对新左派的未来已经开始担忧，虽然他极力促成了《新理性者》与《大学与左派评论》的合并，却遭遇了来自后者的不信任。《大学与左派评论》的发起者主要来自牛津大学的左派组织科尔小组，代表着中产阶级激进的传统，没有工人阶级文化背景，在政治问题上侧重进行文化分析，在历史的语境中对阶级、价值观等进行批判。斯图亚特·霍尔（Stuart Hall）对自己的背景的描述能充分体现来自牛津、剑桥的学院派左派的面貌：

> 1951年，我从牙买加的学校毕业后直接接受罗德奖学金进入了牛津大学。我的政治主要是"反帝国主义的"，我同情左派，读过马克思，在学校的时候受到了他的影响。但是当时，我不会自称欧洲意义上的马克思

主义者。我为正统的马克思主义在处理第三世界种族、种族歧视或者文学和文化问题等各种事件上的失败而苦恼，这占据了我本科时期的整个思想。回顾过去，我认同自己就是威廉斯在《文化与社会》中描述的追随在利维斯主义者和马克思主义批评家之间的文学学生，不得已承认了"细察"的胜利。不是因为它是正确的，我们对细察的精英保守主义的文化建构一直是批判的，而是因为马克思主义的模式太机械化和还原主义了（我们当时还没有接触过卢卡奇、本雅明、葛兰西和阿尔多诺）。❶

霍尔成为《新左派评论》的主编后，深化了在英国的文化研究，成为英国左翼政治发展史上的重要转折。但是两个不同传统的新左派并没有达成和解，两个构成之间的矛盾一直存在并演化着，尤其是汤普森不愿意看到自己开创的事业被毁掉，向霍尔发起了猛烈的抨击。直到1962年佩里·安德森（Perry Anderson）接管了整个刊物，重新调整了办刊目标，以推介欧洲马克思主义的最新成果为首要任务，第一代新左派之间的纷争才逐渐平息，第二代新左派开始登场。

第一代、第二代新左派之间尽管有着较大的分歧，但是两者之间又存在着不可否认的交融和一定的连续性。在新左派旗帜下汇聚的这些前共产党员和青年学者，他们都走在一条接近马克思主义的道路上，力图使马克思主义脱离官方的狭隘定义，焕发出真正的活力，反映了在新的政治形势下，对传统的马克思主义无力去解释社会变化的政治结构的一个理论上的调整和飞跃。"既公开宣称为社会主义而奋斗，同时也明确承认社会主义本身也必须接受严格的审视。"❷他们在1956年脱离了政治实践活动之后，退居到思想领域，在马克思主义本土化的历程中，使马克思主义更加适应英国的社会与国情，但是又不拘

---

❶ Hall S. Life and Times of the First New Left [J]. New Left Review, 2010, 61（1）: 179.
❷ 张亮. 英国新左派思想家 [M]. 南京：江苏人民出版社, 2010: 8.

泥于英国国内，而是放眼世界范围内马克思主义思潮和工人运动的变化，以积极介入的姿态保持着对时局的关注。

汤普森和威廉斯等老一代新左派经历过工人阶级的成人教育，认为文化在促进阶级意识觉醒、营造新的社会意识上具有不可替代的作用。霍尔和安德森等学院左派更加重视运用新理论、新方法对英国文化进行全面分析。两代争论的主要焦点在对理论侧重点的不同理解上。老一代新左派在安德森接管《新左派评论》后全面失势，一方面因为工人阶级运动在英国衰落；另一方面是他们并没有拿出有效的社会主义运动纲领，在理论和实践上都难以具有说服力。第二代新左派走上了文化分析之路，安德森的《国民文化的构成》(*The Components of National Culture*)直指英国社会主义革命文化的缺失，以资产阶级和贵族为主的统治阶级以内部革新为主，英国没有大规模的工人运动和真正的马克思主义传统。因此，《新左派评论》以传播马克思主义为己任，成立了维索出版社（Verso）作为专门的出版机构。这一庞大的工程获得了巨大回报，扭转了英国马克思主义与欧洲乃至世界隔离的局面，使英国成为西方马克思主义传播和发展的中心。

汤普森面对《新左派评论》这一转向，始终持怀疑的态度，虽然与安德森关系有所缓和，但是他仍十分质疑这种行为的意义。1963年，在一次集会上与安德森进行激烈的辩论之后，汤普森发表题为《我们现在何处》(*Where Are We Now?*)的演讲，质问安德森新左派评论的所谓的"学术工作"。他承认新左派政治运动的衰落使学术工作更为重要，但是认为"认真地反思并不一定要挑起对过去的争议性的否定"，并指责安德森的"新评论"是清空了旧的领地且把帐篷支架到了别处。❶

与汤普森的全面质疑和失望不同，老一代新左派中的另一个领军人物雷蒙

---

❶ Hamilton S. The Crisis of Theory：EP Thompson, the New Left and Postwar British Politics[M]. London：Oxford University Press, 2012：102.

德·威廉斯对《新左派评论》转向的反映要平和得多。这主要归因于他的身份的复杂性,他出身工人阶级,从事成人教育,很晚才进入大学精英集团内部,但是始终与精英集团保持着距离。在身份认同上,他属于底层大众,在知识传承上,他受到利维斯精英主义的熏陶,把社会视为一个有机体,认同文化的社会功能,并把文化扩展到整个社会的生活方式和情感结构中。与汤普森宣传并推崇工人阶级激进文化传统不同,威廉斯对文化持有更具整体性的看法,把工人文化运动视为文化构成的一部分。在他看来,共同文化是全社会成员共同参与建设的文化,随着工人阶级文化价值观的传播,必然会出现社会主义性质的共同文化。他把希望放在了未来,通过漫长的革命来实现。威廉斯无疑对伊格尔顿产生了直接的影响,威廉斯的《文化与社会》(Culture and Society)构成了伊格尔顿新左派思想的最初来源,但是,伊格尔顿的《什么是共同文化》(What is Common Culture)对共同文化的理解受到威廉斯的批评。威廉斯认为《文化与社会》是最初的激进主义,从一个时代到另一个时代的桥梁,伊格尔顿只是把这本书在十年后再次简单地展开,而忽略了新的时代需要新的书。伊格尔顿在当时显然并没有意识到这一点。

将天主教左翼分子与20世纪60年代天主教马克思主义连接起来的是1957年的核裁军运动。这场运动成为天主教与马克思主义对话的一个重要载体。1952年,英国试验氢弹成功,成为继美国和苏联之后的第三个拥有核武器的国家,却激起了国内民众对核战争前景的极度恐慌。中产阶级知识分子发起了一场反对核军备竞赛的运动,主张推迟、禁止,甚至完全取消英国和其他国家的核试验。新左派成为反对核军备竞赛的主要力量。1958年复活节,从伦敦到英国核武器研究院驻地阿尔德玛斯顿的游行,参加者众。特别是许多大学生,成为核裁军运动的主要追随者,他们在大学里成立了许多类似的组织,通过核裁军运动,很多人就此成了新左派成员。天主教会也是核裁军运动的主力之一。天主教徒通过这场运动与政治左派有了前所未有的更深入的接触。与左派不同，天主教徒更多是从哲学或伦理的角度考虑核武器震慑的后果。

核裁军运动是新左派和天主教左翼共同经历和成长的政治事件，促成了天主教新左派的产生。

布莱恩·维科尔（Brian Wicker）在《第一个政治国度》（*First the Political Kingdom*）中回溯了天主教左派的三个来源。第一个是1936年成立的天主教和平运动团体（PAX），PAX致力于以传统道德和价值观抵制现代战争，反对国家之间的武力对抗，号召以自身之力或与其他团体合作组织任何有可能的公共集会来进行反战宣传。PAX在20世纪60年代初成为天主教核裁军运动的主要力量之一。第二个是20世纪50年代末60年代初在多明我会领导下的斯波德屋会议中心出现的十二月小组，成员均来自天主教中的左翼。受新左派的影响，他们倡导在《新左派评论》的概念框架内讨论天主教徒面临的社会和政治问题。第三个是1964年在剑桥大学围绕天主教期刊《斜向》的创立而形成的斜向小组。斜向小组是天主教新左派或威廉斯所称的新左派天主教徒的直接来源。"斜向"是一个完全自发的组织，主要成员亚德里安·卡宁汉（Adrian Cunningham）、伊格尔顿等当时都是剑桥大学的本科生，在20世纪60年代政治和神学热情高涨的氛围中试图发展一种综合马克思主义和基督教的新的神学。

维科尔1963年出版的《文化和礼拜仪式》（*Culture and Liturgy*），1966年劳伦斯·布莱特和西蒙·克莱门茨（Laurence Bright & Simon Clemens）所编辑的《坚定的教会》（*The Committed Church*）、《斜向宣言：天主教和左派》（*Slant Manifesto: Catholics and the Left*），伊格尔顿的《新天主教会》（*New Left Church*）等著作构成天主教左派的最初的理论根基。天主教左派聚集在斯波德屋，以《斜向》和《新黑衣修士》等期刊为喉舌，发起针对天主教教会、礼仪、牧师制、英国社会与文化、马克思主义、道德和信仰等不同领域和层面的辩论。各种观点和思想的激荡全面回应20世纪60年代的英国和世界的正在发生的政治、宗教事件和民族解放运动。英国天主教新左派的重要的人物，如布莱恩·维科尔、福格斯·科尔（Fergus Kerr）、伊格尔顿至今仍活跃在英国政治文化批评的舞台上，不断紧跟时代变革进行着理论的深入阐释。

伊格尔顿是剑桥天主教左翼的中坚分子，1964年参与创立了《斜向》期刊。《斜向》的主要成员都来自十二月小组，一个激进的天主教团体。十二月小组与多明我会渊源颇深，集会地点斯波德屋位于英格兰中部斯塔福德郡鲁格里附近，是一座始建于1760年的哥特式复兴风格的乡间别墅，原名阿米蒂奇公园（Armitage Park）。1840年，英国骨瓷的开创者约西亚·斯波德（Josiah Spode）的曾孙斯波德四世购买后对其进行了大规模的改建和扩建，斯波德屋因此得名。1893年，斯波德四世去世后，他的侄子海伦·格尔森（Helen Gulson）继承了房产。据说，他曾经在大厅花园看见了圣母玛利亚，因此在玛利亚显灵之处建立了一个教堂。格尔森搬走后，他把这块地连同教堂都留给了多明我会，后来多明我会建立了霍克亚德修道院。第二次世界大战后，斯波德屋成为会议中心，由多明我会修士主管。其中，第三任修士康拉德·派普勒（Conrad Pepler）在20世纪50年代中期到70年代末斯波德屋被售卖的二十余年间，承办了一些与众不同的会议。其中，固定的会议有天主教和平协会（PAX）的集会、文学周末（Literary Weekend）、历史周末（History Weekend）、哲学探索（Philosophy Inquiry）等。这些都是具有激进性质的天主教会议，为十二月小组的成立树立了榜样。

天主教左派的代表人物之一布莱恩·维科尔指出："康拉德·派普勒的斯波德屋是促使事情发生的催化剂，派普勒所做的正是艾略特（Eliot）认为任何文化史中的有价值的人都会做的（艾略特指的是诗人，但是我认为其他富于创造性的人物，包括牧师也是如此）：为了包围和滋养他的更大的传统牺牲了个人的特性。"[1] 派普勒是多明我会著名的修士，他积极促成了宗教出版行业的集会，

---

[1] Wicker B. Making Peace at Spode [J]. New Blackfriars, 1981, 62（733-734）: 319.

第二章 伊格尔顿早年政治批评实践

为传播基督教思想的当代变革起到了巨大的推动作用。"只有通过这种自我抹去，新的事物才会形成；但是在这个过程中，当我们以回顾的视角反思的时候，才会发现我们对于整个传统的观点已经改变了。"派普勒对基督教群体思想和行动的影响是难以估量的。他是这个时代被埋没的伟大和平使者。"[1]

在派普勒的推动下，1960年末的一个周末，席德沃德（Sheed and Ward）出版社的经理尼尔·米德顿（Neil Middleton）和多明我会的修士劳伦斯·布莱特决定建立一个独立于任何官方机构的会议，以从天主教的视角来讨论社会问题，多明我会修士赫伯特·麦凯布加入其中。他们要在当时所有的天主教组织和出版商都或多或少右翼的时候，为天主教教会中的左派找到一个集会地点。这个新组织曾自名为"十二月党人"，但是因太过于狂妄而放弃，最终以"十二月小组"为名，这仅仅是因为十二月的周末是斯波德屋唯一有空闲的时候。劳伦斯·布莱特对十二月小组的持续发展做了很多工作，参加者后来一直保持在40~70人。

十二月小组的集会旨在指出教会作为周围世界社会结构的反映的时代已经一去不复返了，对于20世纪中期先进的社会来说新的社会秩序需要建立，因此教会需要行动起来以建立自身的结构，并为社会结构赋予其相应的基督教的根基。1962年，十二月小组最初的议题主要是关于平等和财产的分配，1963年讨论教育问题。1964年会议因《斜向》创刊推迟到1965年1月，主题是"新左派教会"，由布莱恩·维科尔主持，发言人主要有劳伦斯·布莱特、亚德里安·卡宁汉、伊格尔顿等。

天主教期刊《斜向》是在劳伦斯·布莱特的协调下创立的，最初的目的是反对保守的剑桥大学礼拜堂牧师阿尔弗莱德吉尔贝（Mgr Alfred Gilbey）阻止妇女、大学生等人参加星期日的主弥撒。尼尔·米德顿给予了资助。这份期刊最初命名为《偏见》（Bias），但是福格斯·科尔（Fergus Kurr）发现了一份同

---

[1] Wicker B. Making Peace at Spode[J]. New Blackfriars, 1981, 62（733-734）: 319.

名的杂志后阻止使用了这一名字。《斜向》除了涉及反神学保守主义，还包括左派政治话题。接下来，1965年的十二月小组的集会就成了《斜向》支持者的年会。

在斜向成员的参与下，十二月小组发起的关于基督教如何建立并根植于新的社会解构之中的讨论，很快就演变成了一场激烈的争论："基督教是否应该是变化的世界的刺激物和催化剂而不仅是梦想成为新世界的根基。"斜向和十二月小组的成员都参与过各种左倾的事业，受到新左派广泛的影响，而适逢新左派内部爱德华·汤普森和佩里·安德森正在发生分歧，以及许多十二月小组成员都牵涉斯图尔特·霍尔、雷蒙德·威廉斯、爱德华·汤普森1967年的《五月宣言》，一个新的关于正在讨论的是哪一个新左派的问题产生了。

第二节 《斜向》的意义、作用

新左派的双重来源对天主教左派的影响是复杂的。"最初的讨论动力来自两种观点的融合或混淆，即左翼派系对社会主义的追求和神学在穷人之中或教会外在下对真正的教会的标识。"❶《斜向》的主要活动者都是具有工人阶级背景的剑桥学者和学生，他们是在1944年教育改革之后才获得进入高等教育的权利。这股新生力量认为天主教背景的教育枯燥、落后，没有价值，斜向小组试图开放、更新并改革天主教教育内容，整合各种新的思潮。他们受新左派和第二次梵蒂冈大公会议基督教精神双重影响，他们急切地想把天主教主义和最具有革命性的理论马克思主义相结合。与新左派一样，反对斯大林主义的决定论倾向，批判英国工党的软弱，接受了青年马克思对资本主义的分析和道德根基上的革命主张。第一代新左派所传播的社会主义人道主义推动了天主教

---

❶ Cunningham A. The December Group: Terry Eagleton and the New Left Church [J]. The Year's Work in Critical and Cultural Theory, 1991, 1 (1): 213.

左派的思想变革，第二代新左派与多明我会对马克思主义的共同推崇促成了新左派天主教徒的最终形成。天主教左翼、天主教左派、新左派天主教徒这几个名称从某种意义上代表了天主教中左翼思想的演变。

新左派天主教徒把新左派的社会主义革命视为最适合的福音，先于拉美的解放神学预示了天主教和马克思主义结合的可能性。《斜向》以积极干预的姿态介入英国政治、文化、宗教和社会生活的各个方面，前后发行了30期。1970年2月，在经历六年的文化政治批判之后，人们清楚地认识到，作为一个期刊，它已经在政治与神学分析和论辩中走得足够远。在牛津大学《新黑衣修士》(New Blackfriars)的一次会议上，因财政和人员分散等原因，《斜向》事业平静地结束了。

十二月小组存在的时间比《斜向》更长，发表了很多影响深远的文章。在经历几年在《斜向》内部工作上的必要交织，回到了自己对所有激进天主教徒开放的更加传统风格的会议。十二月小组在之后几年的许多文章反映出对第二次梵蒂冈大公会议局限的回顾和对西方世界正在不断倾向保守主义和种族主义的批判。20世纪70年代初期到中期的常见话题是"不断深化的政治危机""僵化的教会""英国社会正在滑向冗长的危机""有实际效力的基督教左派之死"。这个期间对早期的关注的一个再现是对基督教、马克思主义和道德的关系的辩论。邓肯·麦克菲森（Duncan MacPherson）对托洛茨基的《他们和我们的道德》(Their Morals and Ours)进行了一个综述，艾伦·华尔（Alan Wall）对《斜向》的政治和宗教立场进行了批判。这些部分讨论反映在了丹尼斯·特纳（Dennis Turner）的《马克思主义和道德》(Marxism and Morality)之中。讨论的质量并没有降低，但是十二月小组的参加人数缩减到25~35人，伊格尔顿把十二月小组移交给了彼得·格兰特（Peter Grant）。但是随着1978年召开的会议取消，斯波德的十二月小组实际上在1977年会议之后就结束了。

伊格尔顿的天主教左派生涯与十二月小组和斜向小组的发展历程紧紧联

系在一起。作为主要的成员，他参与并见证了英国天主教马克思主义的诞生和衰落。伊格尔顿这段经历在后来很少被人提起，但是正如卡宁汉所指出的：许多曾经对天主教左派来说是基本的话题在20世纪90年代却又再一次重新开启。十二月小组和《斜向》代表的这种在有组织的会议和期刊的引导下所进行的思想变革，并没有得到严肃的考量。它们所开启的在一系列广泛的话题上基督教公共话语界限的转变，以及对其他教会组织和机构带来的更加政治和神学意义上的启发，在当前西方文学、文化思想发生的哲学或形而上学的转向背景下，值得深入关注。

  伊格尔顿马克思主义文化批评的神学转向，以及对文学、哲学的探索与天主教左派运动深刻地关联起来。英国的天主教马克思主义的发展与十二月小组密不可分。《斜向》一开始并没有作为神学与马克思主义对话的载体，但是它主要的参与者都是文学研究方面的专家和学者，因此它坚持文化价值和社会价值的统一，极大地受益于霍加特（Richard Hoggart）、威廉斯所推动的文化研究［霍加特《识字的用途》(*The Uses of Literacy*)、威廉斯《文化与社会》］。20世纪60年代初的伊格尔顿是威廉斯狂热的追随者，他在威廉斯文化与社会的框架下进行理论探索，亦步亦趋地维护威廉斯共同文化的观念。社会主义共同文化是所有社会成员共同参与、维护和创造的文化。伊格尔顿指出："社会主义共同文化观的充分内涵是，全民族的集体实践中不断重新创造和重新定义的整个生活方式，而不是把别人的现成的意义和价值拿来进行被动的生活体验。"[1] 这一阶段伊格尔顿另外一个重要的影响者——《斜向》的发起人劳伦斯·布莱特则认为，英国天主教会正处在英国精英统治阶层的控制下，问题的根源在于基督徒，不论派系的差别，都在执行一种错误的基督的教义。伊格尔顿对于教会的改革也充满希望和热情。

---

[1] 特里·伊格尔顿. 历史中的政治、哲学、爱欲[M]. 马海良, 译. 北京：中国社会科学出版社, 1999：140.

第二章　伊格尔顿早年政治批评实践

《斜向》有两个主要的文化与共同体的理论主张：一是天主教会在第二次梵蒂冈大公会议之后的复兴；二是马克思主义作为一种社会政治活动在世界舞台上具有重要的作用。《斜向》讨论的话题：怎样把文化分析与政治分析联系起来；马克思主义作为一种批评和实践行动的充分性；第三世界的革命与西方民主革命的关系；基督教末世论与马克思主义历史观的关系；分析和批评如何变成有效的社会和政治活动。

《斜向》致力的读者对象是天主教中产阶级。英国在这之前并没有一个天主教自由主义中产阶级，左派运动对其发展起了很大的助力作用。这种开创新的神学的可能性对任何的无产阶级天主教意识都太遥远，以至于不能做出值得的努力。因此，这场运动必然是一场学术性的，面对的更多是一个完全没有形成组织的读者群体。《斜向》从一开始就有陷入虚假的伦理约定的危险，既是政治的又是道德的。《斜向》的社会主义理想本质上就是英国世俗新左派的社会主义，不过是接受了"基督教洗礼"。他们并不太关注政治层面的战略或策略，也没有严肃地思考对于所谈论的革命最中心的问题是什么。艾伦·华尔指出《斜向》从最初就显现出来的一大弱点，即词语的替换说明了行动的缺失。❶

伊格尔顿在探讨20世纪60年代天主教激进主义可能性的时候，指出了19世纪基督教社会思想中三种错误的观念。其中之一是自由主义的矛盾。基督教会和工人阶级关系的历史反映了一个深层的矛盾，可以看作英国社会普遍自由主义危机的强化。19世纪，教会急切地想和工人阶级进行真正的接触，但是其背后的动机是模棱两可的：一部分是出于对民众福利的真诚关心和渴望；另一部分是对自身机制和生存的焦虑。这两种因素，正面和负面的情感结合在一起，构成了教会对工人阶级一种含糊的态度。而负面的情绪经常作用于正面关注的结果是使同情被异化了，这样恶性循环的后果是面向工人阶级的呼吁开始变形。自我关注最终凸显在每一次斗争中。教会既不能真正地进行自我

---

❶ Wall A. "Slant" and the language of revolution [J]. New Blackfriars, 1975, 56 (666): 506-516.

批评，也不能洞察工人阶级。整个教会对工人阶级态度上的矛盾，也反映出在教育、文化和民主等方面自由主义的两难困境。教会缺少支持，它必须赢得支持来证明自身作为福音机构存在的必要。但是矛盾就在于它所急切需要的支持来自与它所要证实的价值、观念和思想相悖的阶级。"需要他们的支持却又抵制他们意识形态的要求，把他们作为一种数量而不是质量的力量。"❶

可以看出，伊格尔顿这个时期对天主教激进主义已经有了比较客观的看法。天主教左派中对自由主义与激进主义的辩论始于迈克尔·达米特（Michael Dummett）1965年在《新黑衣修士》上所发表的《教会有多腐败》（How Corrupt is the Church?）。伊格尔顿批评了达米特的改良主义倾向，达米特随后进行了回应，得到了伯纳德·波尔贡齐（Bernard Bergonzi）的支持，伊格尔顿进而回复了波尔贡齐。这是20世纪60年代天主教左派著名的论战之一。最终，1966年雷蒙德·威廉斯评论维科尔的《文化和神学》（Culture and Theology）时正式提出"自由"和"激进"的问题。1967年维科尔的《新左派：基督徒和不可知论者》（The New Left: Christians and Agnostics），提出基督教和不可知论的社会主义之间必须存在区别。最重要的文章是1968年伊格尔顿的《政治和神圣的》（Politics and the Sacred），在这篇文章中伊格尔顿提出作为一个基督徒对社会主义信仰所带来的不同，试图表明基督教神学在一个广泛的马克思主义历史观中的深度，并不是一个多余的范畴。

1973年，卡利（John J. Carey）从教会学的视角，将当今的天主教神学分为四类：①激进神学和激进教会学；②激进神学和温和教会学；③自由主义神学和温和教会学；④保守神学和保守教会学。❷卡利指出伊格尔顿、布莱恩·维科尔和《斜向》小组等天主教左派当属于第一个类别，一种激进的神学和激进的教会学的范畴。

---

❶ Eagleton T. The roots of the Christian crisis [M]// A. Cunningham. Slant manifesto: Catholics and the Left London: Sheed & Ward, 1966.

❷ Carey J J. An overview of Catholic theology [J]. Theology Today, 1973, 30（1）: 25-41.

卡利认为这个范畴的天主教神学思想家的激进神学根源于对传统天主教神学问题的拒绝，对教会官方领导权完整性失去信任，以及对变化的文化环境需要重新进行宗教反思的认同。总之，他们的事业根源于一种基本的人文主义。正如罗斯玛丽·卢塞尔（Rosemary Russell）所说，激进神学并不是对基督、天国感兴趣，而主要是作为人的表达。因此，这种激进神学经常被其他传统天主教神学家加之以"偶像破坏"的罪名。

伊格尔顿和维科尔等人所领导的斜向小组在激进神学的实践中走得足够远，成为20世纪60年代独特的政治和文化现象。在这个时期欧洲天主教和马克思主义重要的对话中，多明我会起到了主要的推动作用。康拉德·派普勒、劳伦斯·布莱特、赫伯特·麦凯布都分别对这种对话做出了贡献。三人的共同特点是他们都是事件的促成者，也就是鼓励别人直接参与，而自己并不发表见解。❶派普勒作为斯波德屋的主管，为会议提供场地。布莱特是组织者，联系众人并且把他们的讨论整理后出版，包括发表在《斜向》上；在对话的后期，时任《新黑衣修士》主编的麦凯布在刊物上开辟了专栏供人们自由讨论，自己也发表了一些简练的编者按。三人从不同角度对20世纪60年代天主教左派论战的发展起到了不可或缺的作用。

第三节 伊格尔顿的马克思主义转向

劳伦斯·布莱特对伊格尔顿天主教左派思想的形成产生了很大的影响。劳伦斯·布莱特是多明我会的修士，十二月小组的发起者和核心人物。他认为，在世界上所有的宗教里，天主教无疑是最物质主义的。"在最初的时代，教会坚持的不是灵魂的不朽，而是整个人的身体复活；坚持的不是个人与上帝的关

---

❶ Wicker B. Justice, Peace and Dominicans 1216–1999: Slant, Marxism and the English Dominicans [J]. New Blackfriars, 1999, 80（944）: 436.

系，而是他与基督所形成的群体的关系。"❶布莱特的这些观点在伊格尔顿后来的神学话语里都有所体现。如果说布莱特对伊格尔顿思想的形成起到了方向上的引领作用，那么麦凯布起到的就是思想的定型作用。伊格尔顿关于马克思主义和神学的许多观点都直接来源于麦凯布。

赫伯特·麦凯布，1926年生于约克郡一个爱尔兰的移民家庭。许多爱尔兰天主教徒都蕴含着共和主义和社会主义情感，麦凯布在正统天主教和左翼政治交织的环境之中长大。1949年大学毕业后，麦凯布加入了多明我会，天主教中的政治左派。当时，法国和比利时的多明我会修士正在进行"工人牧师"运动，青年教士们摘下教士领、脱下教士服到码头、工厂同工人们一起劳作。这场运动在1953年被梵蒂冈镇压。英国的多明我会修士自来就有激进的传统，他们把梵蒂冈对工人牧师运动和其他进步活动的压制看作与法西斯主义无异，这些左翼天主教徒越来越倾向马克思主义。20世纪60年代早期，天主教马克思主义者聚集在牛津大学的黑衣修士厅和斯波德屋，劳伦斯·布莱特主持关于阶级斗争和有关"新神学"的研讨会。"新的天主教左派在马克思和耶稣，社会主义和福音，革命和回归本源之间安排了一个协定。"❷

麦凯布1955年受聘教职之后在纽卡斯尔一个教区做了三年牧师。1958年，麦凯布被任命为德拉萨学院的牧师，伊格尔顿曾经就读的学校。也是在这个时期，麦凯布积极参与斯波德屋的活动。1964年，他的第一部著作《新创造》(*The New Creation*)发表。麦凯布坚持正统的天主教神学，他对政治的评论都是在对神学问题的思考中出现的。伊格尔顿称麦凯布是一个纯正的托马斯传统主义者。1968年《法律、爱与语言》(*Law, Love and Language*)是一部将阿奎那(St. Thomas Aquinas)、维特根斯坦(Ludwig Josef Johann Wittgenstein)、马克思相结合的著作。麦凯布并没有系统地研究马克思主义，但是他乐于接受天

---

❶ Bright, Lawrence. Science and Religion [J]. New Blackfriars, 1963, 44 (516): 245.
❷ McCarraher E. Radical, OP [J]. Commonweal, 2010, 137 (17): 12.

主教马克思主义者这个称号。麦凯布对伊格尔顿的影响深远，伊格尔顿声称："没有和赫伯特·麦凯布长久的友谊，我根本就不会成为今天的我。"❶

2001年麦凯布逝世，他的一些重要的著作在这之后出版，使人们逐渐认识到他是那个时代最伟大的神学家之一。麦凯布认为基督教是更进一步的马克思主义，马克思只是讨论劳动导致的异化，基督面对的则既有今生也有死后世界的异化。与麦凯布不同，伊格尔顿的导师威廉斯对天主教和马克思主义之间的关系持保留态度。他肯定了天主教左派对共同体概念从基督教角度的阐释，特别是能够公开地讨论共同体核心的友爱关系，这是其他传统通常不能做到的。另外，他对自由主义的批评也是严厉的，是完全令人信服的，预示着激进天主教独立地进行强有力的社会批评的开始，而不再依附建立在其他分离的术语之上的批评。但是，威廉斯认为基督教和马克思主义两者之间并没有相容的可能性，两者的话语，如救赎和解放、堕落和异化不可能是一种概念上的并立或同一，这种努力不过是对可以理解的、可以忍受和个人化冲突的一种修辞，他不相信这样的天主教徒还是社会主义者。不过，从另外的角度来看，威廉斯同样认为天主教徒和社会主义者面对的都是共同的危机，可以取得共识，并肩作战。

劳伦斯·布莱特从基督教的视角阐释了革命问题。他认为英国天主教会正处在英国精英统治阶层的控制下，问题的根源在于基督徒，不管是出自何种派别，都在执行一种错误的基督的教义，加强并支持了这种社会政治机构。布莱特总结了四种错误的表现，基要主义、超自然主义、个人主义和精神主义。他主张对《圣经》的历史性解读，即《圣经》表现为为改变人类境况的一种新的基督的激进革命。因此，正确地解读基督教就在于对它的历史根源的理解，这也是激进主义的真正的含义。"如果能够认识到基督教是一场革命解放运动而

---

❶ Eagleton, Terry. Priesthood and Paradox [J]. New Blackfriars, 1996, 77（906）: 319.

不是一种抽象的教义信仰,也就是宗教的本质是改变人类的实际境况,而且只有通过政治手段才是可行的,那么就可以看到,基督教与马克思主义在广义上并不是不相容的。"[1] 从两种信仰的统一性出发,《斜向》从一开始就把天主教徒和政治左派的身份紧紧联系在一起,提出了两个主要的文化与共同体的理论主张:一是天主教会在第二次梵蒂冈大公会议之后的复兴;二是马克思主义作为一种社会政治活动会在世界舞台上具有重要的作用。伊格尔顿作为天主教左派时期的重要的活动就是借助《斜向》促成天主教和马克思主义之间的对话。

伊格尔顿对基督教与马克思主义之间的区别有着清醒的认识。20世纪70年代初,伊格尔顿承认基督教"永恒革命"或"革命的革命"理论,即革命的基督教在革命的社会中是具有永久批判的、否定的、超越作用的实践。它象征着一个朝向超越了任何社会现状的终极的社会秩序(天国)的永恒的驱动力。但是,他不认为这是基督教与马克思主义之间的区别所在,对马克思主义来说革命并不是顶点,而是一个不停地冲突发展、自我批判、自我超越的社会状况的开端。忘记这一点,就是把马克思主义等同于斯大林主义。

伊格尔顿认为基督教的革命理论和实践的关系是模糊的。如果社会主义革命对基督教来说必须朝向天国,那么具体的实践是指什么呢?是使用或限制暴力的伦理观点,还是提醒人们充分解放还没有实现?伊格尔顿对基督教的革命实践不置可否。他认为基督教和马克思主义真正的区别不在于革命,而在于基督教对天国的信仰,这意味着天国的到来是一定的,而马克思主义除非发展出一套非马克思主义的历史决定论,否则不能够确保人类自由的国度一定会到来。基督徒的信仰使之确信基督的到来,只有通过"殉难"才能进入天国,因此基督徒比马克思主义者更富有牺牲精神。对马克思主义者来说,未来社会

---

[1] Corrin J P. The English Catholic New Left and Liberation Theology [J]. Journal of Church and State, 2015 (5).

第二章　伊格尔顿早年政治批评实践

是极其难以确定的，个人之死是一种绝对的结束。在这种情况下，基督教的革命信仰使基督徒成为更好的革命者。❶ 在革命的曙光未现的时候，是审时度势还是大无畏地冒险，基督徒更多选择了后者。进入20世纪70年代，在世界范围内，左派运动开始衰落。新自由主义的胜利带来的是上帝与马克思主义的联盟的分裂。在《教士身份和列宁主义》(*Priesthood and Leninism*)中，伊格尔顿认为天主教牧师应该把自己认同为列宁所称之的革命先锋。伊格尔顿的革命精神借助信仰得到体现。

但是，当第二次梵蒂冈大公会议的热潮退去，教会的一系列改革无疾而终，天主教左派活动也随之终结的时候，伊格尔顿所处的境地显得十分艰难。他必须在两种信仰之间做出一个选择，以继续自己的事业。伊格尔顿认为他诚然是一个社会主义者，但是他想看看一个天主教徒在左派的路上能够走多远才会走到边界。实际上，他后来认识到并没有这样的边界。一个人可以既是天主教徒又是左派。"但是这也意味着他在剑桥大学所认识的天主教主义也没有许多其他的优势。这解释了他后来为什么把天主教在他的学术清单上删除了，只留下了文学和政治。"❷

20世纪70年代也标志着伊格尔顿对宗教的幻灭，他不再自称为基督徒。在天主教和马克思主义之间的归属上，他选择了马克思主义。在他此后的批评中，很少见到对天主教神学的探讨，而是全面致力于用马克思主义来进行文学分析。他对天主教、神学话题异乎寻常地保持着缄默，也显现出早年革命失败的阴影。伊格尔顿本人并不承认曾脱离了神学话题，而认为自己一直保持着对神学伦理问题的关注。这种关注在《理论之后》中以宣言性、纲领性的方式得到了再现和充分的表达。

---

❶ Terry Eagleton. Faith and Revolution [J]. New Blackfriars, 1971, 52 (611): 158-163.

❷ Carey J J. An overview of Catholic theology [J]. Theology Today, 1973, 30 (1): 25-41.

第四节 伊格尔顿政治批评话语体系构成

20世纪60年代的天主教左派活动是伊格尔顿文学批评的起点,也是伊格尔顿思想形成的重要时期,布赖特、麦凯布、利维斯和威廉斯等人的影响奠定了伊格尔顿文学和文化政治批评的基调。特别是威廉斯和麦凯布两人对伊格尔顿的影响不可估量,伊格尔顿的学术生涯明显表现出对威廉斯追随、批评、反思和回归的历程。而近年的作品重新讨论20世纪60年代的话题,则突出地显示出了对麦凯布的回归,伊格尔顿的许多神学观点直接来源于麦凯布。伊格尔顿的《没有乐观主义的希望》中引用麦凯布作为卷首语,"我们并不是乐观主义者,我们不会呈现一个人人都爱的美好的世界景象。不管身在何方,我们都以穷人的正义事业为己任"。❶ 显示了他在麦凯布旗帜下奋斗的决心。

伊格尔顿以一个"业余神学家"❷的身份登上学术舞台,文学、神学和政治是伊格尔顿三大理论支点,他的全部活动均是从这三个视角看待、分析自由资本主义社会与激进政治。但是,宗教、神学自20世纪70年代在伊格尔顿的作品中的长期缺场,影响了人们对伊格尔顿的全面理解。事实上,伊格尔顿的理论有完整的体系,其核心是穷苦人的解放,而将左派激进政治作为实现解放的武器,借助的话语则遵循了从神学到马克思主义再到马克思主义和神学这样一个往复的深化过程。在缺乏有效的政治斗争手段的前提下,形而上学式的语言革命使国内学者对21世纪伊格尔顿神学转向的反应更多的是"惊慌和恼火"而不是欢迎,主要的原因是伊格尔顿一直被视为西方马克思主义学者。❸ 他在人们眼中马克思主义文学理论家身份的形象早已根深蒂固,与天主教左派神学

---

❶ Terry Eagleton. Hope Without Optimism [M]. London: University of Virginia Press, 2015: Preface.

❷ Terry Eagleton. Reason, Faith, & Revolution: Reflections on the God Debate [M]. New Haven: Yale University Press, 2009.

❸ Geng Y. Miracles and Revolutionary Reversals: Terry Eagleton's Theological Turn [J]. Literature and Theology, 2012(2).

第二章 伊格尔顿早年政治批评实践

家的形象似乎大相径庭。这种对伊格尔顿的认识,一方面由于学术界对伊格尔顿创作生涯第一个时期关注不足,另一方面则显示出对英国20世纪60年代天主教左派马克思主义和神学之间对话重要性的普遍低估。在当前激进左派遭遇重大失败的形势下,只有充分理解20世纪60年代新左派天主教文化批评的历史,才能厘清伊格尔顿作为一个坚定的马克思主义文学批评家的成长历程,全面地认识和评价21世纪伊格尔顿的文化理论。

一、缘起和发展

伊格尔顿最广为人知的身份是马克思主义文学批评理论家,对他的研究主要集中在他的文化政治批评、意识形态批评等方面。一般认为,他的学术生涯的起点是20世纪60年代末至70年代初在威廉斯影响下,以文化和社会为框架所进行的文化政治批评;实际上,伊格尔顿的学术生涯经历了从天主教左派文化批评到马克思主义文学批评,从文化政治批评到马克思主义神学批评这个发生、发展、演变和回归的过程。如前文所述,伊格尔顿在20世纪60年代的天主教左派活动是理解伊格尔顿思想和创作成长和演变的关键时期。伊格尔顿在天主教左派事业衰落之后,挣脱了天主教出身的信仰束缚,坚定地转向了马克思主义,始终以马克思主义理论家的身份和自我意识对资本主义进行批判。

21世纪伊格尔顿再一次转向了基督教神学,引发了广泛质疑。伊格尔顿早期和后期的神学,许多问题是老话重提,是对《斜向》时期话题的深入和扩展。但伊格尔顿的神学转向并不是简单地回到原点,它反映了一种更广泛意义上的政治及历史的转变。早期伊格尔顿主要从正面思考基督教,主张进行礼仪、牧师制等的变革;而后期,他更多地论述基督教的另一面,死亡和恐怖等话题成为中心。这源于两个时期左派政治所遭遇的不同状况和前景。伊格尔顿认为在面临最严峻的政治考验的时候，政治失败的险境中蕴含着夺得思想胜利的可能性。左派所避开的"形而上学"的问题，正是给予我们深化和丰富自己思想的机会所在。他承认宗教是这个世界上最可憎的反动政治形式之一，但是强调一些神学观念仍是富有政治启发意义的。就其积极的一面而言，神学具有不可忽视的内涵。在左派遭受重大失败的境况下，神学能够为左派提供进一步政治斗争的话语。而当今的左派对这个领域是沉默的，甚至避开了"精神的""伦理的"或"形而上学"的问题，在一种相当传统的意义上误解了左派的特征，在面对最严峻的政治考验的时候，不能给出当前政治形势需要的问题的答案。伊格尔顿在 21 世纪的神学转向因此具有鲜明的目的性，即为深化和扩展左派激进政治话语，大胆打破在神学领域内长期保持的沉默，同时对右派进行挑战。这是伊格尔顿主动承担的任务，为此，他甘愿成为一个十足的异端。[1]

　　神学作为伊格尔顿深化左派政治话语的时代语言，是伊格尔顿思想体系的重要组成部分。伊格尔顿在 21 世纪所表现出的神学转向并不是一个独立的现象。进入 21 世纪，当代哲学对宗教和神学显现出了相当广泛的兴趣，无论是自由主义者还是马克思主义者，都对神学转向或宗教在政治中的新的可视性十分关注。这一"转向"作为一种社会现象和对宗教的批评、建构反思，扩展到了整个学术界。格兰·瑟伯恩（Göran Therborn）认为："过去十年左翼社会哲学中最惊人的发展是一个新的神学转向，这种转向主要并不是皈依宗教，而是表现为一种对宗教的学术兴趣，以及在哲学和政治论争中运用宗教例证。"[2] 21 世纪的这种神学转向与拉美的解放神学致力于社会公正的政治活动不同，主要是一种"话语的神学"[3]，是欧洲的左派应对危机的一种反应形式。

---

[1] 马修·博蒙特，特里·伊格尔顿. 批评家的任务——与特里·伊格尔顿的对话 [M]. 王杰，贾洁，译. 北京：北京大学出版社，2014：264-265.

[2] Göran Therborn. From Marxism to Post-Marxism? [M]. London, New York：Verso, 2008：131.

[3] 同上。

第二章 伊格尔顿早年政治批评实践

马克思主义者对神学的关注由来已久,却被普遍地忽视或否定。这一现象有其深刻的社会历史背景和思想渊源。马克思主义是开放的理论体系,伊格尔顿对马克思主义的神学探索正是针对资本主义社会现实的主动思考和积极应对。2003 年在《甜蜜的暴力:悲剧的观念》中,伊格尔顿重新思考悲剧、牺牲和穷苦人问题。伊格尔顿基于威廉斯在《现代悲剧》中最初提出的物质世界中真正的悲剧的存在,从具有政治意义的启蒙神学观念出发,重新讨论了这些问题。伊格尔顿强调了苦难作为人类共同感知的情感,在实现团结上的重要性。理解苦难是无法忍受的,便解锁了一种激进的可能性,伊格尔顿用神学话语扩展了威廉斯对悲剧的阐释。苦难可以作为对马克思主义历史观的启示,马克思主义的乌托邦不仅消除了苦难,而且带着这样的希望理解现在的苦难,最终是代表着苦难悲剧观的一种哲学。马克思主义之所以能够对抗自由唯心主义,正是它看到了剥削是确定的一种历史状况,却逃离了实用主义或保守主义对现状悲观或保守的接受,坚信人们值得并有能力过得比现在更好。

在《理论之后》中,伊格尔顿指出了世俗批判理论的局限性,号召重新返回道德、死亡和虚无等问题,关注宗教的政治任务。在《生命的意义》中,他批判了神学家对意义问题的误导,提出人类获得最终的意义是通过参与共同的建设性的文化来获得的。伊格尔顿这些新著中凸显的问题都直接来自 20 世纪 60 年代。

2009 年,伊格尔顿在访谈录《批评家的任务》(*The Task of the Critic: Terry Eagleton in Dialogue*)中对于第二次梵蒂冈大公会议、五一宣言、十二月小组等宗教和政治活动,以及多明我会阿奎那式的神学传统对伊格尔顿的深远影响等都给予了肯定。在回答神学在天主教左派时期的地位和所起到的作用时,即"神学是否在文学理论本身出现之前提供了一种元话语",伊格尔顿表示神学提出了许多基本问题,在缺少其他话语的情况下,理论需要被创造以解决这些基本问题。他明确表示:"《斜向》是马克思主义运动的一部分,每个时代都需要用人们能够理解的词语重新阐释《圣经》,需要用当代的语言和行动重新塑造革命人物……马克思主义和其他形式的左派主义就是这种语言。"

2012年,神学家奥拉·希格森(Ola Sigurdson)发表了《希望的共谋:伊格尔顿和齐泽克的马克思主义和神学》(*Theology and Marxism in Eagleton and Zizek: A Conspiracy of Hope*),对21世纪以来宗教在政治中的新的可视性做了评述,通过当代马克思主义的标志代表人物伊格尔顿和齐泽克,分析两者所代表的不同的神学,提出马克思主义和神学的共同点在于对人类现状的认识和对未来理想社会的向往,出于不合法的目的联合起来的一些人在打破当前象征序的意义上的共谋。同时,每一个主张都朝向和平、正义和团结的末世的视野。这就是希望,需要社会全体共同的努力才能实现。因此,希望的共谋就是对抗绝望的堡垒。

奥拉·希格森认为,当前政治哲学中出现的以伊格尔顿和齐泽克为代表的神学转向具有历史的、现实的和结构的三方面的原因。历史上,基督教神学在塑造政治哲学中的概念和论点上起到了重要的作用,马克思主义一定程度上依存于神学。没有神学,马克思主义政治哲学就不会是它现在的样子。但是,伊格尔顿、齐泽克的政治哲学在结构上是完整的,去掉其中的神学仍然能保持原貌。伊格尔顿从来不认为神学对马克思主义是必不可少的。他虽然经常引用阿奎那,但是他也经常用亚里士多德或马克思来替代或补充阿奎那。即使是在他的神学转向之后,在伊格尔顿讨论有关马克思的书中也基本没有明显神学的影子,在他的阿奎那式的思想中,神学不需要打破政治哲学的自治就可以启发现存的哲学阐释,因此在不影响政治论证相对自治的前提下,神学在伊格尔顿的思想中处于一种持续的结构上的存在。为了否定自由主义历史终结的论调,开启一种历史转变的可能,神学以文化、社会的方式成为一个抵抗之地,成为宗教团体和机构之外的一个理论之源。在实现人类解放这个终极目标上,马克思主义和神学达成一致,在伊格尔顿和齐泽克的政治哲学中为彼此找到了希望。

澳大利亚马克思主义神学研究者罗兰·波尔(Roland Boer)近年来发表

了一系列马克思主义神学研究著作。他强调伊格尔顿天主教的爱尔兰性，宗教在伊格尔顿的思想中，不单纯是一个过往的研究主题，而是他思考哲学问题的一个重要的参照系。纵观伊格尔顿的学术历程，他虽然经历了多次学术转向，但是神学的因素在他的思想中或隐或现，始终伴随着他的思想进程。神学是伊格尔顿思想的重要方面，构成了他学术生涯的一个完整的首尾呼应。波尔认为，伊格尔顿21世纪之后的作品在罗马天主教神学的基础上进行各种变化，中心特点不外乎伦理。他试图在伊格尔顿身上寻找唯物主义神学，认为虽然在后期的神学转向中，伊格尔顿论及了人类、罪、圣餐和教会等神学问题，但是他从本质上来说，是一个以基督为中心的思想家。基督之死的隐喻代表着伊格尔顿马克思主义解放的一个神学阐释。

二、意义和价值

正如奥拉·希格森所说，亚里士多德、神学和马克思主义是伊格尔顿经常用来彼此替换的话语，拿掉其中一个都不影响思想的完整性。因此，对伦理政治批评的强调容易略掉伊格尔顿的整体性，以及伊格尔顿借助各种时代话语扩展革命的努力。对于伊格尔顿来说，马克思主义是关于人类解放的最先进的学说，虽然并不是解决一切问题的万灵药，但是马克思相信历史的必然性，对于尚不可见的未来的希望和信仰蕴含着生命的全部意义。因此，伊格尔顿的神学转向研究的视角集中在马克思主义和神学的共同话题上，但是伊格尔顿的本意并不是用神学来为马克思主义正名，也不是用马克思主义来为神学寻找科学性。"理论之后"的新的理论的焦点在于如何结束左派在政治上的健忘。伊格尔顿用意就在于利用神学来拓展左派的政治话语，引领激进政治走出衰败之地。伦理批评是伊格尔顿神学的重要内容，需要结合左派政治进行全面的探讨。

曾经，神学方便地连接了伦理、政治、美学、形而上学、日常生活和绝对真理。伴随着18世纪末西方世界世俗化进程，现代社会抛弃了神学，神学所留下来的空位迅速被理性、艺术、文化、精神、国家、社会、民族和道德等代理人所填满。资本主义的兴起使上帝之死成为必然，资产阶级文明越发展，上帝和它所代表的绝对真理等就会越来越成为一种阻碍，后形而上学时代堂而皇之地到来。资本主义不需要基础，也不需要对自身的存在合法化。它同一切与利润相左的事物为敌。现代主义反对宗教，在文化中寻求政治替代，后现代主义则努力地割裂文化的宗教代理人的身份。随着资本主义完成了从生产型社会向消费型社会的转变，后现代主义成功地做到了现代主义所没有做到的对宗教的彻底驱逐。在20世纪的最后几十年，上帝及其形而上学被迫逃离到荒野。镶嵌无神论的资本主义以无比的自信迈向"历史的终结"。

资本主义将文化推向前台，文化以丰富的情感、象征和渗透性成为晚期资本主义社会中上帝最好的替代。在上帝缺场的日子里，文化在诸多代理人中逐渐一家独大，完美地演绎了连接理性和日常生活经验的纽带作用。如今，神学在当代的力量主要被文化所行使。与神学相比，文化的野心博大，它试图拥有价值、真理、传统、仪式、精神、道德、组织及社会使命等所有宗教所具有的特性。资本主义之所以与文化同谋概因于此。对于晚期资本主义来说，文化已经不再试图取代宗教，实际上文化已经完全占领了宗教的领地。

如果说宗教仍然保持着精神自治，那么文化在后现代主义多元、杂糅、大众化等信条的催化下，已经大幅度地自我分离，美学意义上的文化和人类学意义上的文化相距越来越远，并不能完全统一在有机社会的梦想之中。文化一方面在行使宗教的政治功能，另一方面却丧失了宗教的激进政治意义。文化在无限自我放大的过程中，甚至试图取代政治，成为一种文化和政治的杂糅物，"文化政治"这个名词本身就是一种杂糅的产物。

伊格尔顿指出，文化并不善于整合社会矛盾，而更多善于反映分裂。一旦社会论争深入文化概念本身，文化就成为问题的一部分而不是问题解决的方式。后现代文化正是在这条路上渐行渐远。在这样的历史形势下,伊格尔顿号召将文化置于其本来的位置。文化有其重要的作用,但是文化过度的自大导致文化不能够有效地起到政治斗争所需要的意识形态功能。资本主义消费文化在全球所进行的文化演变加剧了斗争的艰难性和复杂性,是时候将文化暂时搁置,审时度势,寻求更有效的思想武器。

伊格尔顿从哲学和激进政治的双重视角进行考察。他从尼采上帝之死的论断入手,指出人在上帝缺位的世界中积极的创造性和恐怖的破坏力,文明的进步必须以损失为代价。尼采既宣告了上帝之死,也宣告了文化的终结。这种在破坏性基础上秩序的重建与马克思主义建立了关联。马克思认为,资本主义的堕落和腐朽是社会主义到来的前提。基督教诉说着同样基调的故事,为了达到美好的彼岸,以死亡来昭示天下现实是多么残酷和不可忍受,以悲剧行动表明了伦理选择、激进革命的道路。基督教神学因此是悲剧的,悲剧是神学世俗化的美学版本。悲剧为政治、哲学化的难题提供了一个美学的解决方案。

当前,随着跨国企业追求利益最大化将生产和投资扩张到全球各地,造成了劳动力和贫困人口的大面积转移,贫富差距扩大。"全盛时期曾大大推动了社会发展的资本主义,现在已经成为社会进步的绊脚石。"❶资本主义没有能力"创造一个与它的现实特征完全不同的未来"❷,认清资本主义的本来面目,打破右翼分子对马克思主义的歪曲,具有现实的紧迫性。伊格尔顿操起神学话语,表达了推翻资本主义社会与实现上帝理想之城是同样必然的,需要带有坚定的信仰并且要付出牺牲的代价来实现。

作为当今最著名的知识分子和最坚定的马克思主义者,理解伊格尔顿必须回到他的思想起源——天主教左派神学,追溯他从天主教左派社会主义者到马克思主义者的转变,探索伊格尔顿思想与不同时期历史、政治、文化形势之间

---

❶ 特里·伊格尔顿.马克思为什么是对的[M].李杨,任文科,郑义,译.重庆:重庆出版社,2017:10.
❷ 同❶。

的契合、碰撞，以及在争取左派政治话语方面所做的努力。神学作为人类历史上最深远、最广泛、最具有共同情感体验的哲学，在新的可视性的探讨中，必然要与政治哲学、马克思主义紧密结合，发挥它的当代功能与作用。神学转向在马克思主义者中普遍出现是历史的必然结果，是伊格尔顿21世纪最重要的学术动向。他用神学的话语对马克思主义人类解放做了全新的阐释，对神学转向的探讨必将有助于深化对伊格尔顿的研究。

第一，能够正确认识学术界对伊格尔顿的各种偏见。伊格尔顿以文化政治批评而闻名，但是文化政治批评并不能涵盖伊格尔顿思想的全貌。2004年，大卫·安德森（David Alderson）出版了第一部关于伊格尔顿的研究专著《特里·伊格尔顿》（*Terry Eagleton*），从马克思主义文化、文学视角对伊格尔顿的批评进行了述评。安德森认为《文学理论引论》的巨大成功，掩盖了伊格尔顿之前和之后的其他作品，包括早期的神学思考和之后的后现代主义批判。国内外的伊格尔顿研究主要集中在文化政治方面，是这种倾向的具体体现。此外，伊格尔顿研究整体遇冷，特别是国外很少有专门的研究者，更多的是对伊格尔顿的不理解和批判。安德森分析了伊格尔顿研究冷淡的原因：一方面，伊格尔顿的理论阐释太过明晰，不需要研究者进行二次解读；另一方面，他所创作的多为入门性作品，学术界对此多有不屑，更有甚者认为伊格尔顿不过是一个插科打诨的庸俗马克思主义者。其背后深层的原因：一是当前马克思主义本身正在遭受冷遇；二是因为伊格尔顿本人的有意为之，他自觉地选择了为普通人民做理论普及化的工作，而这正是他人所不能或不情愿去做的。这些入门型作品使人们容易忽视伊格尔顿理论性较强、要求读者具有较高的阅读水平的作品，如《批评与意识形态》《美学意识形态》《甜蜜的暴力：悲剧的观念》等。

第二，形成对伊格尔顿理论整体性的看法。伊格尔顿经常被形容成一个著名的"流浪者"，从一个学术高地转移到另一个高地。诚然，伊格尔顿不愿意过度理论化，他的论战文体的形成就是辩证思考的结果，即深入文化论争背后的矛盾之中去把握意识形态所决定的学术潮流的正反面性质，指出我们在这些潮流所代表的矛盾中可以得到什么，不仅是指在思想层面，而且是在社会关系层面。通过重现伊格尔顿早期天主教左派的活动，能够更加深入地理解伊格尔顿的思想演变，明确伊格尔顿的学术起点和线索，分析其与文化政治批评同源关系，有助于从整体上把握伊格尔顿的学术体系。

第三，有助于更清醒地认识当前的资本主义世界和复杂的国际政治关系和形势。激进政治作为推动伊格尔顿学术思想的根本动力，从历史和结构的角度构成了伊格尔顿思想的主线，也是伊格尔顿唯物主义神学富有启发性的一面。研究马克思主义与神学的互动和对话，能够从更广泛的意义上明确马克思主义的当代发展，加深对资本主义本质的认识，增强共产主义信念和对人类解放的信心。

第四，探讨"理论之后"的理论走向。伊格尔顿在《理论之后》中描述了理论的兴衰，指出理论所忽视的领域，道德、死亡和邪恶等，提出了正统的文化理论不足之处的补救措施。大胆地论及这些话题表明了伊格尔顿做十足的"异端者"的决心。伊格尔顿对理论的阐释及提出"理论之后"文化理论家的任务，建立在对现实深刻的认识基础上，在每一个政治历史的危机时刻，伊格尔顿都会发生一次所谓的转向以适应论争的形势。但是正如他自己所说，他始终没有放下对神学的关注，神学贯穿了他创作的始终。在新的历史关头，当宗教已经不再被人们所信仰的时候，神学作为人类隐秘的共同情感，需要进一步发扬革命功能，这就是伊格尔顿的新理论的内涵所在。

第三章 激进政治批评与文化

第一节 政治批评的现实性

"政治"一词和"批评"一词作为文学批评的基本术语,都分别经历了意义上的重大变化。当它们结合在一起时,无论是为了将批评描述为政治性的,表明批评应该或不应该是政治性的,还是为了定义"政治批评"或"文化政治"这样的子集,由此产生的可能含义都是多方面的、令人困惑的。20世纪中期的文学研究培养传统价值观并坚持"已故白人的经典"(acanon of dead white men),主要流派新批评通过细读与政治背景无关的文学作品来进行文学阐释,力图证明文学可以脱离政治来理解,文学的意义和力量超越了文学产生的社会条件。在20世纪40年代到60年代初,新批评是一种流行的方法。但是,20世纪60年代末至70年代初,在后结构主义者、女权主义者、后殖民主义者和新历史主义者等的推动下,新批评的保守主义受到了质疑,它在文学机制的中心地位也被取代。这些后来居上的新批评致力于一种观念,即文学作品应该被理解为对其时代的回应。自20世纪70年代至80年代,接受美学、叙事学、批判理论(法兰克福学派)、后殖民主义及其他批评理论对政治批评的偏好成了常态。

伊格尔顿批判英美新批评的非政治性,甚至对恩师威廉斯所谓的"左派利维斯主义"颇有微词,并在20世纪80年代,他正式提出了将政治批评作为批评政治性的宣言。批评之所以是政治的,是因为批评的对象——文学,从根本

第三章 激进政治批评与文化

上是意识形态负载的一套价值判断系统，而非其他。伊格尔顿认为"政治"："无非是我们整个社会生活的组织方式，以及其中牵涉的权力关系。"❶纯文学批评不过是一个神话。早在 20 世纪 60 年代，在与伯纳德·伯尔贡齐（Bernard Bergonzi）的辩论中，伊格尔顿就指出"激进政治唤起并激活人们对人类关系本质的基本信念，并试图通过实际辩论的细节来支持这一承诺；如果它真的是激进的，其具体参与将受到这种承诺——有关另一个可供选择的人类社会版本的控制"❷。政治的目标因此是关于革命和解放的。在这一点上，政治和基督教取得了共识。"政治是什么？"同样也正是"基督教是什么？"❸激进的政治批评建立在对未来理想社会的追求之上，本质是反资本主义的。"过去被称为社会主义的东西今天被称为反资本主义，几乎没有什么太大的区别。"❹

进入 21 世纪，许多学者开始认为文学批评学科应该走向另一个方向。一些人呼吁回归新批评人士所倡导的形式主义关切；另一些人则质疑他们在政治批评中所采取的怀疑态度，倾向对学院外读者的文学作品做出更肯定、更感性的回应。还有一些人主张通过新的数字技术实现定量的、数据驱动的方法。与这些学者的主张相比，伊格尔顿的政治批评也走过了一条貌似"回归"的道路，即从对恩师威廉斯的批评到形成自己的政治批评，再到回归形式，抑或回归威廉斯等更为中间路线的批评。

不难看出，伊格尔顿批评理论的焦点随着文化左派政治斗争形势的变化而变化。20 世纪 50—60 年代，英国文化研究的中心从文化生产转向了文化消费。大众文化研究从此取代传统文化研究成为文化研究理论的主流。在理论更迭带来进步的同时，也削弱了政治批评的力量。20 世纪 70 年代之后，激

---

❶ Eagleton T. Literary Theory : an Introduction [M]. Cambridge, Mass : Blackwell, 1996 : 169.
❷ Bergonzi B. What is Politics About? [J]. New Blackfriars, 1966, 47 (550) : 318-321.
❸ Ibid. 373.
❹ Eagleton T. History gets the last laugh. [EB/OL]. (2002-05-18) [2023-10-08]. https : //www.theguardian.com/politics/2002/may/18/socialsciences.highereducation.

进政治左派没有跟紧理论发展更新斗争手段，却在政治斗争受到挫折时出现了各种分化，导致面对资本主义更加全球化的现状时丧失了最基本的批评能力。文化左派罹患政治健忘症，如今不仅鲜有提起资本主义这个词，而且更对"马克思主义过时论"视而不见，无形中使资本主义制度在另一个侧面得到强化。伊格尔顿对左派的这种低迷状态极为痛心，努力寻找破局之策。除了大幅度转向早年曾经探索的神学话语，在人类最隐秘的感情和经验中挖掘革命的物质基础外，伊格尔顿还结合马克思主义，以一种追求真理的哲学精神，对"文学是什么"再次发起了追问，以本体视角号召左派对宏大的文学、哲学话题进行再思考。伊格尔顿认为此举可以明确左派思想中的误区，对引领左派掌握制胜话语，重新占领政治批评高地至关重要。

文森特·B.利奇（Vincent B. Leitch）提出：

> 为了实现实用主义、灵活性和广阔，我主张开放式的批判性融合。我反对简化主义的批评计划，如形式主义细读、排他性的唯美主义美学、无自我的精神化现象学非阅读，或以读者为中心的存在现象学剥离式批判。在这样的时代，媒体推动的经济和政治继续渗透并重新配置生活的所有领域，它们（以上批评）构成了对现代主义先锋主义的倒退和对振兴自治的幻想，把我算在这种怀旧和防御性的净化运动之外。❶

伊格尔顿采取的是同样的路线，与其说"回归"，不如说是融合。在坚持政治批评策略的同时，他调整着批评的方法和手段。究其本源，这来自他的资本主义全球化的批判立场和对社会主义的信念。他的政治批评具有非常紧迫的现实相关性，始终是对激进政治现状的反思和破局之策的探索。

---

❶ Leitch V B. Literary Criticism in the 21st Century : Theory Renaissance [M]. London；New York Bloomsbury, 2014.

第三章　激进政治批评与文化

一、超越文化唯物主义

文化唯物主义是用人类学分析人类社会的主要视角之一。它融合了马克思主义、文化进化论和文化生态学的思想。作为一种文学批评实践，它是一种受马克思主义启发的、以英国为主的方法，归功于英国马克思主义者、文化批评家雷蒙德·威廉斯。

雷蒙德·威廉斯（Raymond Williams），英国文化批评家，当代文化研究的主要先驱。他在1958年出版的《文化与社会》和1961年出版的《漫长的革命》（The Long Revolution）等书籍描绘了许多现在被视为文化研究基本主题领域的内容。通过将文本和作者与更广泛的历史和社会思想发展联系起来，并将文化作为一种"整体生活方式""一种解释我们所有共同经历的模式"来探索文学。文化不再是精英的文化，而是嵌入日常经验和活动中的文化，一种对工业资本主义进行复杂批判的文化。1961年，威廉斯提出并在《漫长的革命》中进一步发展了"情感结构"这一概念，用它来质疑葛兰西的霸权概念。威廉斯认为，霸权既可以被视为"常识"，也可以被认为特定时间和地点的主导思维方式。它永远不可能是完全的，必须始终有一种内在的动力。通过这种动力，新的思想形态才会出现。情感结构在历史上任何一个时期，以不同的思维方式竞相出现。它表现在政策法规的官方话语、民众对官方话语的回应，以及官方话语在文学和其他文化文本中的挪用之间。

威廉斯的"情感结构"赋予了将想象文学的非凡性与文化过程的非凡性联系起来的方法论意义。它被用来特别显示文学的意义，以表达替代占主导地位的世界观，从而推进对社会变革的政治。威廉斯在文化与社会这个路径上继续前行，与马克思主义相遇成了必然。

1977年出版的《马克思主义与文学》标志着威廉斯作品的重大发展，它代表了威廉斯对马克思主义的第一次深入接触，从而为文化研究提供了许多重要的理论资源，包括阿尔都塞的意识形态观和葛兰西的霸权观。威廉斯对正统马克思主义对历史时代的描述所建议的一致性感到不满。他认为，历史上的任何时刻都必须从主导文化、残余文化和新兴文化的存在和相互作用的角度来分析。这不仅意味着文化中存在着历史上的向后和向前看的因素，而且也意味着文化是一个政治竞争的场所，因为群体表达了他们对统治秩序的融合和抵制。

作为20世纪最有影响的马克思主义批评家，也是新左派的领军人物之一，不同于传统的基础或上层建筑，威廉斯提出了"文化唯物主义"。他认为，传统的马克思主义基础概念过于僵化，经济基础是一个过程，而不是一个静态的条件或对象。基础不仅应该包括生产的工业，还应该包括复制的人类劳动，也就是整个社会实践领域。因此，他的文化唯物主义思想包含了对社会经济、政治、社会和文化方面之间关系的分析。

在谈到威廉斯对自己的影响时，伊格尔顿说道：

> 回首当时，人们感觉就像是从一个理论体系转移到另一个理论体系。尽管现在人们可以看到这种转移的政治决定因素。随着欧洲和美国政治舞台形势变化的加快，以及新的理论体系的发展，出现了年轻一代的社会党人，我就是其中之一。在旧的新左派中，威廉斯是其中的一个原型，在理论上不够严谨，在政治上也不够投入。我认为我自己的马克思主义运动可以追溯到那个时期。当然，我不认为我第一次来到剑桥时会称自己为马克思主义者，但到了20世纪60年代中后期，我显然会称自己为马克思主义者。有趣的是，我认为如果我们观察整个轨迹，就会发现一些人进入了一种更严谨、在某种程度上更具政治意义的理论形式。从这个角度看，威廉斯似乎停滞不前，甚至倒退。❶

---

❶ Petro P A M. Andrew. Interview with Terry Eagleton [J]. Iowa Journal of Literary Studies, 1985（6）: 1-17.

第三章 激进政治批评与文化

伊格尔顿认为威廉斯的文化唯物主义"可以被视为对经典马克思主义的一种丰富或一种稀释：丰富是因为它将唯物主义大胆地带入了'精神性的东西'自身中；稀释是因为在如此做时它模糊了那些对于正统马克思主义至关重要的分别，即经济和文化的之间的种种分别"❶。因此，威廉斯文化唯物主义在政治性上与经典马克思主义若即若离，使"文化唯物主义形成了马克思主义和后现代主义之间的某种桥梁，因为它彻底地修正了前者，而又极其警惕后者的那些更时髦的、更缺少批判性的、更非历史的方面"❷。

20 世纪 70 年代末期，在天主教左派文化批评活动失败的基础上，伊格尔顿对革命的未来进行了重新考量。他首先把矛头对准了恩师威廉斯，指责威廉斯作品中的人文主义和理想主义的倾向，以及缺乏对艺术实践系统性的分析，认为需要建立一套能够对艺术行为进行严格区分和考察的方法，也就是马克思主义的文学理论。威廉斯的《文化与社会》是一部学院式的作品，通过解读经过选择的文本来支撑其主题，把生产方式、社会关系、伦理、政治和社会实践都合并在一个空洞的人类学意义上的文化是早期新左派的典型做法。其危害是不仅废除了实际上的先后的等级，把社会构成缩减为黑格尔式的循环总体论，而且使政治策略夭亡，最终必然是对社会构成的过分臆断。

对于自己对威廉斯的批判，在纪念威廉斯的一篇文章里伊格尔顿进行了反思，"而就在其他人跟上了他的步伐并忙于把文化研究推向唯心主义一端的时候，威廉斯却一百八十度大转身，突然开始阐述起文化生产的物质方式、写作的社会机制，以及可以用一个词语称谓概括的'文化唯物论'来。如果不是猝然降临的死亡把他从我们当中夺走从而留给我们一片空寂荒漠的话，那毫无疑问，正如以前多次出现过的那样，威廉斯必将再度走在我们的前头"❸。伊格尔顿指出，威廉斯曾经的学生、新历史主义代表人物格林布拉特（Stephen

---

❶ Eagleton T. Literary Theory：an Introduction [M]. Cambridge, Mass：Blackwell, 1996：199.

❷ Ibid.

❸ 特里·伊格尔顿，王尔勃. 纵论雷蒙德·威廉斯 [J]. 马克思主义美学研究，1999（1）：394-409.

Greenblatt）从威廉斯的影响下转向福柯（Michel Foucault），正是20世纪80年代政治气候变化的反映，即从希望走向悲观。政治形势的变化驱使伊格尔顿必须在威廉斯所开创的道路上继续前行，找到更加有效的思想和表达方式，以应对当前的理论现状。

二、反"历史终结论"

弗朗西斯·福山（Francis Fukuyama），1952年10月27日生于美国伊利诺伊州芝加哥，美国作家和政治理论家，最著名的可能是他的信念"历史终结论"：冷战结束时，自由民主的胜利标志着人类历史进程中意识形态的最后阶段。这些观念表达在1992年他的《历史的终结与最后一人》（*The End of History and the Last Man*）著作中。具体来说，福山认为随着冷战（1945—1991年）和苏联解体后西方自由民主的崛起，人类已经"不仅仅是……战后特定历史时期的过去，而是历史本身的终结，人类思想进化的终结点和西方自由民主作为人类政府最终形式的普遍化"。❶ 福山借鉴了黑格尔和马克思的哲学和意识形态，将人类历史定义为从一个社会经济时代到另一个社会经济时代的线性过程，认为自由民主制度是人类意识形态发展的终点和最后一种人类统治形式。这个言论一经提出就在全世界范围内引起了轩然大波。

在《历史的终结与最后一人》中，福山把20世纪对自由资本主义制度未来的不确定、怀疑、否定统统归结为一种悲观主义。福山认为，自法国大革命以来，自由民主已经多次被证明是一个比其他任何制度（道德、政治和经济）都要好的制度。福山的著作最基本（也是最普遍）的错误是把"历史"和"事件"混为一谈。福山声称，事件不会在未来停止发生，而是未来发生的一切。从长期来看，民主会越来越普遍，尽管它可能会停止遭受"暂时"的挫折。

---

❶ 福山. 历史的终结及最后之人 [M]. 黄胜强，等译. 北京：中国社会科学出版社，2003.

第三章 激进政治批评与文化

1993年，在《马克思的幽灵》(*Specters de Marx*)一书中，雅克·德里达（Jacques Derrida）批评福山："福山所明确主张的自由国家的模式，不只是黑格尔的那个模式，即提出为得到承认而斗争的理论的那个黑格尔，而是主张'基督徒眼界'有优先地位的黑格尔的模式……这一历史终结论的本质是基督教末世论。"[1] 这与教皇关于欧洲共同体的论述是一致的：注定要成为一个基督教国家或超级国家；因此，这个共同体仍然属于某个神圣的联盟。福山运用了一种智力上的"花招"，只要适合他的信息，就使用经验数据。当经验数据与他的"历史终结论"相矛盾时，福山就会诉诸抽象的理想。

伊格尔顿对福山的"历史终结论"同样大加批判。他指出，许多统治阶级试图从历史记忆中抹去它诞生的血腥和肮脏。20世纪最黑暗的讽刺之一是，社会主义在最需要的地方被证明是最不可能的。要成为社会主义者，需要物质资源、民主传统、合作的邻居、繁荣的公民社会、受过良好教育的民众；殖民主义拒绝了社会主义这些至关重要的组成部分。结果，一个讽刺就孕育了另一个：在这种惨淡的条件下建立社会主义的努力直接导致了斯大林主义，而对自由的追求不可避免地变成了其可怕的对立面。

至于"历史终结论"的发声者福山，尽管他长期以来一直被认为是新保守主义的主要人物，但后来他与这场政治运动保持了距离。他也成为美国领导的入侵伊拉克战争的反对者，这是他最初支持的一场战争。2006年，在《十字路口的美国：民主、实力和新保守主义遗产》(*America at the Crossroads: Democracy, Power, andthe Neoconservative Legacy*)一书中，他批评了新保守主义者和共和党总统乔治·W.布什及其政府在"9·11"恐怖袭击后的政策。在2008年的总统选举中，他支持民主党候选人和最终的赢家巴拉克·奥巴马。福山声称，世界正在经历民主衰退，特别是在共和党人唐纳德·特朗普当选美

---

[1] 詹姆逊.马克思的幽灵债务国家、哀悼活动和新国际[M].何一,译.北京：中国人民大学出版社,2016.

国总统和英国决定退出欧盟之后,这两次衰退都发生在 2016 年。

福山并不否认"历史终结论"的有效性,指出要从这个短语的哲学起源上,即黑格尔开始思考,它提出了一个关于方向性和进步等的重要问题。他表达道:100 年后,人们仍将把 1989 年视为一个真正重要的转折点。

晚期资本主义的现实使共产主义的未来更加看不清楚。福山及其他资产阶级学者所持的这种观点,正是伊格尔顿要驳斥并极力要扭转的。

> 一个不知何故与现在不一致的未来是不可理解的,正如一个只与现在一致的未来是不可取的一样。一个令人向往的未来必须是可行的,否则我们将毫无用处地去渴望。因此,就像弗洛伊德的神经质一样,会对渴望感到不适。如果我们简单地从现在读出未来,我们就取消了未来的未来性,而新历史主义倾向于抹去过去的过去。一个极其怪异的乌托邦、一个将头埋在沙子里最顽固的乌托邦,是一个精明的实用主义者。他想象未来会和现在非常相似。正如最近有人描述的后现代未来:现在加上更多的选择。不管弗朗西斯·福山怎么想,问题不在于我们的未来太少,而是太多。不幸的是,我们的孩子可能生活在有趣的时代。❶

伊格尔顿重视社会主义革命迫在眉睫的现实处境问题,如果当前激进左派继续沉溺在资本主义营造的历史终结谎言里,革命的可能性就会越来越小。面对"历史终结论"和"马克思主义过时论",伊格尔顿树立起了振兴民族文化的旗帜。

三、政治与民族文化

现代性使传统的象征系统——艺术、宗教和性进入了私人领域,与政治的

---

❶ Eagleton T. A future for socialism?[J]. Arena Journal, 2001(16): 5.

联结不再紧密。然而，在爱尔兰民族文化里，艺术和宗教等，一方面在保持着私人性的同时，另一方面却与政治构成密不可分。

在前现代时尚中，象征性的秩序仍然锁定在经济中：对于爱尔兰大众来说，性行为仍然受到前工业时期工具理性的调节，并且还没有进入现代性将为它打开的相对自主的领域。在这种背景下，乔治·摩尔（George Moore）、奥斯卡·王尔德（Oscar Wilde）或詹姆斯·乔伊斯（James Joyce）的不墨守成规比英国世界末日性学家或布卢姆斯伯里的波希米亚人的解放言论更具政治色彩。就像西奥多·阿多诺（Theodor Adorno）的现代艺术一样，成为政治反抗的隐喻，就在它显得最私有化，最丧失社会功能的时候。❶

爱尔兰知识分子在社会秩序内部构建了最初的公共空间。文化在政治斗争之外起到了统一和加强民族思想的作用。文学作品中的文化形成了反文化空间，文化得以政治化。伊格尔顿强调，爱尔兰之所以能够在文化、艺术和政治方面保持结合，根源在于民族主义这个土壤。就像本雅明所说，民族主义在机械复制时代是政治的光晕。民族主义首先是一种情感，经过升华成为一种政治原则。"民族主义是一种雌雄同体的事情——可以肯定是一种情感问题，但是是对国家的情感。如果政治如此容易与艺术结合，那部分原因是它一直都是美学的。"❷

艾米丽·勃朗特（Emily Bronte）的《呼啸山庄》（*Wuthering Heights*）中希斯克利夫的种族身份并不明确。艾米丽·勃朗特称他为"拉斯卡尔"和"深肤色吉卜赛人"。伊格尔顿认为希斯克利夫"很可能"是爱尔兰人，但也表示

---

❶ Eagleton T. Heathcliff and the Great Hunger：Studies in Irish Culture [M]. New York：Verso，2005：227.

❷ Ibid. 232.

他"可能是吉卜赛人，或者克里奥尔人，或任何类型的外星人"。希斯克利夫代表的爱尔兰的"自然"与画眉山庄代表的英国的"文化"之间的对立，使希斯克利夫成为民族文化的一个能指。这种身份的不确定性反映了殖民主义的肆虐和殖民者的自大。《呼啸山庄》中对爱尔兰民族历史的映射，希斯克利夫的形象和矛盾的身份和情感，表现了作者的民族情感和民族主义，这正是伊格尔顿所诉说的政治。

伊格尔顿表示，一个真正自由国家的标志将是一个没有民族主义情绪的国家。但是，民族文化的复苏可能会在确保这种自由方面发挥作用。在反资本主义斗争持续深化的今天，民族文化对于促进团结、互助和共通，建设社会主义是至关重要的。福山认为历史的终结就是资本主义的全球化，有中国学者指出："从表面上看，20世纪末的历史的确为上述观点提供某些现象上的支持，但就历史的过程和本质而言，这种观点带有很大的片面性。社会主义的诞生，为全球化注入新的价值趋向，并对资本主义的进程产生了重大影响。社会主义在发展中的挫折和失误，则是由于某种社会主义模式脱离了全球化的结果。只要把社会主义的发展融入全球化进程中，并吸收资本主义发展过程中作为人类共同创造的优秀成果，就能够在全球化的进程中最终实现社会主义的复兴。"[1]福山的"历史终结论"掩盖了资本主义腐朽本质，错误地将历史虚无化，而历史是鲜活的，创造中的现实，历史必将属于未来。

威廉斯的文化唯物主义主张共同文化，消解精英与大众、高级与低级、文化与文明的对立，建立一种开放性的、有差异性的全体社会个体共同参与、共同创造、共同分享的共同文化。这实际上就是一种民族文化，不过伊格尔顿所强调的民族文化是建立在阶级对立基础上的，是反资本主义意识形态的集中体现；而威廉斯的民主社会主义更多的是代表对理想的社会的描绘。

---

[1] 缪家福.全球化与民族文化多样性[M].昆明：云南人民出版社，云南大学出版社，2012：11.

第三章 激进政治批评与文化

由于把共同利益界定为真正的自我利益，且发现个人主要是在共同体中才能得到检验，团结观念是社会潜在的真正基础。但是在我们当代，它面临着两个重要的困难，因为它基本上是一种守势的态度，是长期处在围困之中的自然心态。也就是说，它部分取决于一个敌人。因此，由此而产生的消极因素必须在一个充分民主的社会中才能转化为积极因素。以最好的境况而言，这也将是极其困难的，因为它所涉及的感觉是根本的感觉。❶

民族主义的形而上学谈论的是一个称为"人"的单一主体的完全自我实现。伊格尔顿说："问题不在于区分这个主体的需求和欲望——例如，确定哪些需求和欲望预示着一个理想的未来，哪些仅仅是压迫性现在的反射——而这些欲望被压抑的纯粹事实。"❷ 伊格尔顿政治批评的着眼点因此是当前的社会现实，"如果有利可图，资本主义不惜反社会，这意味着无法想象规模、大面积的人类灭绝，过去曾是天启式的幻想现在则是冷静的现实主义"❸。正是这种残酷现实使马克思主义的解放理想更珍贵，伊格尔顿在"冷静现实主义"基础上，将政治批评与文化紧密联系，但是与后现代主义、文化左派等不同，他在某种程度上脱离了文化的窠臼。他的政治批评是政治的，而不是文化的，虽然文化和政治是某种意义上的同义重复。

第二节 文化与文化的自大

对后现代文化的批判是20世纪90年代至今伊格尔顿文化理论的焦点。他

---

❶ 威廉斯. 文化与社会 [M]. 吴松江，张文定，译. 北京：北京大学出版社，1991：410-411.

❷ Eagleton T. Nationalism, Colonialism, and Literature [M]. Minneapolis：University of Minnesota Press, 1990：28.

❸ Eagleton T. Why Marx was Right [M]. New Haven：Yale University Press, 2011：8.

从揭示后现代主义种种幻象入手，剖析后现代文化的变异，通过追溯文化观念的历时和共时演变，盘点文化理论的得失清单，并提出相应的补救措施。《后现代主义幻象》《文化的观念》《理论之后》这三部作品可以被视为针对后现代激进文化政治僵局提出的破局之策，预示其批评话语转变序幕正式开启。伊格尔顿对后现代主义和后现代文化理论的批判，整体上是以对文化及其相关问题的追问为主导的。在对后现代主义抽丝剥茧的过程中，他通过批判后现代主义多元、反宏大叙事、强调种族、身份、欢呼特殊性和差异性等基本特征，论证了马克思主义的科学性、开放性和历史进步性。

弗雷德里克·詹姆逊（Fredric Jameson）感叹："世纪将近，而历史的发展却似倒行逆施……面向未来，我们无法产生任何未来感。"[1] 自由主义者全然割裂了历史和未来的联系，在对未来的阉割中欢庆历史的终结。虽然福山的"历史终结论"饱受批判，西方文明在全球大行其道却是不争的事实。作为马克思主义者，伊格尔顿始终坚持对西方资本主义的批判，将目光牢牢地锁定在全球贫富差距越来越大这个事实上，强调越来越多的穷苦人正成为无产者，马克思的预言正在成为现实。这一切并不是因为资本主义已经改头换面，而是因为资本主义变得比以往更加狡猾、更加隐蔽，穷凶极恶地进行着史无前例的剥削和压迫。在这样的危急时刻，后现代主义文化理论并不能够看清资本主义的真面目，反而在文化的层面上与消费资本主义同谋。后现代文化构建的所谓"自由"与自由主义版本相比，更加千疮百孔，不过是一种适合生存的政治健忘症的体现。

20世纪90年代初冷战结束之后，世界政治、经济、文化和社会等各方面发生了深刻的结构性变化，资本主义展开了新一轮的全球扩张。然而与自由主义终结论预言恰恰相反，资本主义全球化并没有带来繁荣发展，反而给世界造

---

[1] 詹姆逊，张旭东.晚期资本主义的文化逻辑 [M].陈清侨，严锋，等译.北京：生活·读书·新知三联书店，2013：344.

第三章 激进政治批评与文化

成了层出不穷的动荡、危机和冲突。21世纪初,"9·11"事件更是彻底暴露了资本主义的矛盾和弊端。在新的历史条件下,西方左翼思想家纷纷对资本主义全球化进行反思并提出替代性的方案,如伊曼纽尔·沃勒斯坦(Immanuel Wallerstein)❶提出建设一个"民主和平等的世界体系",大卫·哈维(David Harvey)❷认为"另一个共产主义"是必要的。伊格尔顿对资本主义的反思同样伴随着全球化进程。他策略性地将这个新的历史时期与第三世界革命民族主义的衰落、后殖民理论的兴起相关联。他指出在这样一个后革命的时代,后现代主义应运而生,是对革命历史条件和现实基础背弃的结果。

理论的政治性与否作为前后两个时期分野由此成为问题的根源。马克思重视艺术的价值和作用,艺术作为上层建筑的一部分深深植入社会意识形态之中。因此,马克思主义批评不仅是一种批评方法,还是从压迫中获得解放的一种实践。马克思主义文化理论家批评实践的首要任务是审视产生文化产品的历史条件,理解文本与它所处的意识形态世界之间复杂而间接的关系。

伊格尔顿把后现代主义主要看作激进知识分子在1968年未能兑现其革命承诺后幻想破灭的产物。当前的激进文化左派显然已经遗忘了这段历史。艾略特(T.S Eliot)在《传统与个人才能》(*Tradition and Individual Talent*)中指出,传统与历史感有关,即"不仅了解过去已经过去,而且过去之仍然存在"❸。激进左派必须重新评估自己力量的源泉,认识到全球化不过是《共产党宣言》中预言的实现,马克思主义一如既往不可或缺。激进左派应积极应对后现代主义对马克思主义正统理论发出的种种挑战,重视马克思主义批评理论和实践,推动激进左派政治的当代发展。

---

❶ 伊曼纽尔·莫里斯·沃勒斯坦(Immanuel Maurice Wallerstein,1930—2019):美国历史学家、社会学家、国际政治学家,提出了"世界体系理论"。

❷ 大卫·哈维(David Harvey,1935—):英国社会地理学家,以历史唯物主义方法开创了马克思主义地理学。

❸ 北河,木华. 20世纪中外散文经典评点珍藏本(下)[M]. 长春:时代文艺出版社,1997:1312.

伊格尔顿从文化观念的演变开始后现代主义的批判，以历时和共时两种方式对文化进行抽丝剥茧，揭示其在后现代社会中过于自大的现实。这种将后现代主义文化历史化的做法，揭露了文化不那么后现代的种种表现，体现了对马克思主义历史唯物主义和辩证唯物主义批评方法的充分运用。同时，通过相对化后现代主义，这也为文化理论危机应对措施的提出做好了铺垫。

一、文化的观念

按照威廉斯的说法，"文化也许是英语语言中最复杂的两三个词之一。部分因为它在欧洲语言中复杂的历史发展，主要因为它开始被作为重要概念用于截然不同的学科及甚至不相容的思想体系中"[1]。20世纪以来的西方理论的文化转向使文化成为文学理论和批评研究中的高频词汇。迄今为止，关于文化未见有统一定义，学者从各自视角对文化发表了众多洋洋洒洒的见解。

> 普遍来说，文化是美学、意识形态和人类学中使用的一个术语或比喻，最基本的意义是用来指与自然的明显的或隐蔽的对立。广义上说，文化的观念包括各种人类知识形态，如习俗信仰、社会构造、种族、宗教或社会群体的特征等。此外，文化的观念还指对人文学科、美学和其他知识或科学的追求，往往与特定个体的"教养"相关。[2]

虽然文化异常复杂，但是伊格尔顿一直非常热衷探寻文化的观念。他并

---

[1] Williams R. Key Words : A Vocabulary of Culture and Society [M]. New York : Oxford University Press, 1985 : 87.

[2] 于连·沃尔夫莱. 批评关键词：文学与文化理论 [M]. 北京：北京大学出版社, 2015 : 47.

第三章　激进政治批评与文化

不是为文化著书立说,而是对后现代文化的由来追本溯源。后现代文化复杂而庞大、包罗万象,但是后现代文化的"爆发"并不是毫无踪迹可寻的。将20世纪末的后现代主义与19世纪末的社会思潮相比较,伊格尔顿认为:

> "世纪末"在这个世纪来得早了些,实际上它在20世纪60年代就到来了。这个时期的情感结构不同寻常地再现了19世纪末维多利亚时期英格兰文化的大多方面。20世纪后现代的80年代和90年代当然也继承了其中一些主张,但是与19世纪末的维多利亚时期有一个非常重要的区别,即我们的(世纪末)并不是具有革命信条的时代。❶

两个世纪末具有相似的文化背景,却走向了不同的文化主张,究其原因,在于文化先锋对于激进革命的认识发生了分化。基于这样的观念,伊格尔顿高度重视对文化当代价值和作用的分析,从文化观念的历史演变入手,力图在文化与政治、宗教和文学等交错的维度中凸显文化的本质,破除晚期资本主义打造的文化幻境,定位文化在激进政治斗争中的有利位置。

早在20世纪60年代天主教左派时期,伊格尔顿就将文化与宗教、政治紧密结合在一起。在《新左派教会》中,伊格尔顿批判了当时的文化自由主义,揭露了文化背后的操纵机制。从利维斯(F. R. Leavis)和斯诺(C. P. Snow)之间关于"两种文化"❷的争辩入手,阐释日常生活与强度之间的张力,论证基督徒应该积极参与日常生活的文化建构之中。伊格尔顿高度重视文化在社会思想构成中的作用。"文化对话思想构成概念自身……人们选择词语,然后赋

---

❶ Eagleton T. The Flight to the Real [M]// S. M. Sally Ledger. Cultural Politics at the Fin De Siècle. Cambridge:Cambridge University Press:1995:11.

❷ Snow, Charles Percy. The Two Cultures and the Scientific Revolution:The Rede Lecture,1959 [M]. London:United Kingdom University Press,1959.

予它某种意义，就构成了一个概念。"❶ 伊格尔顿关于文化观念的考察出于这种考量，同时出于不同时期政治策略选择的需要，这对于伊格尔顿来说尤为重要。20世纪60—70年代，文化的观念作为激励天主教左派政治实践的激进话语被提出来，起到了连接天主教左派与世俗社会互动与交流的重要纽带作用。20世纪90年代以来，随着后现代主义的展开，这种政治活动语境早已不复存在，文化俨然已浸入在日常生活的全部细节中，取代宗教甚至取代了政治成为传递感觉和经验的第一代理。伊格尔顿和一些反自由主义思想家面对这种文化僭越极为焦虑，将之与激进政治的低潮相关联，迫切提出要文化归位的主张。摆正文化的位置和对文化的利用成为21世纪激进的文化左派面临的最主要的政治任务。

伊格尔顿的文化观总体上遵循威廉斯"文化与社会"的框架。威廉斯提出了文化的三种现代意义：

> 第一，从18世纪开始作为独立的抽象词，描述一种思想、精神和美学发展的普遍过程；第二，根据赫尔德与克莱姆（的著作），作为独立的名词，或普遍或特殊，表示一种特别的生活方式，不管是一个民族、一个时期、一个团体还是一个普通的人；第三，独立和抽象名词，表示思想，特别是艺术活动作品和实践。这似乎是目前文化的最普遍的用法。❷

伊格尔顿的文化的观念在此基础上做了进一步拓展。威廉斯的文化与社会和历史的发展紧密相关，共同孕育在"情感结构"中，是社会变革不可分割的一部分。同威廉斯一样，伊格尔顿热衷从文化的词源学入手，分析、判

---

❶ 弗雷德·英格利斯. 文化[M]. 韩启群，张鲁宁，樊淑英，译. 南京：南京大学出版社，2008：1-2.
❷ Williams, R. Key Words: A Vocabulary of Culture and Society [M]. New York: Oxford University Press, 1985: 90.

第三章 激进政治批评与文化

断和揭示文化概念的种种演变。2000 年,在《文化的观念》中,伊格尔顿对"文化"一词的历史、社会和政治发展进行了大量思辨,运用广泛的理论来源和例证,从威廉斯的马克思主义批评到约翰·罗斯金(John Ruskin)的美学理论、理查德·罗蒂(Richard Rorty)的实用政治哲学和路易斯·阿尔都塞(Louis Althusser)的政治评论,细数了"文化"可能被定义的范围且常常相互冲突的方式。

伊格尔顿指出,文化的概念是"自然"在词源学意义上的衍生。它的原意是"耕种和照料自然生长",描述了一种活动,很久之后才用来表示精神和其他东西。这个词展现了人类生活的历史演变,体现了基础和上层建筑的统一,但是文化的拉丁词根"colere"有双重意义。一方面,它意味着一些积极的东西,一些需要保护和尊敬的东西;另一方面,它意味着一些消极的东西,与占领和入侵密切相关。对于伊格尔顿来说,"文化的概念当前所处的位置就在这个两极之间。它是那些少数既构成政治左派整体性,同时也是对政治右派重要的概念,因此文化的社会历史异常地缠绕和自相矛盾"[1]。

因为文化描述了一个物质过程,即"自然生长的趋向",这个概念暗示了一种介于人工和自然之间的辩证法,即制造和被制造之间的相互作用。文化体现的不是与自然之间的对立,而是代表了一种解构。因此,文化概念有进一步的辩证寓意:"用来改变自然的东西本身就派生于自然。……自然本身就生产出了自我超越的手段。……如果说自然在某种意义上是文化的,文化就建立在与我们称之为劳动的自然之间不断交换之中。"[2] 此外,文化既代表约束也代表自发生产,因此既有服从规则的一面,也有自然的顽固性的一面。"文化的概念代表着一种对有机决定论和精神自治的双重否定。前者在于体现自然之中存在超越和破坏自然之力,后者则表明即使是最崇高的人类能动性也卑微地扎

---

[1] Eagleton T. The Idea of Culture [M]. Malden, Mass.: Blackwell, 2000: 8.

[2] Eagleton T. Culture [M]. New Haven: Yale University Press, 2016: 8-9.

根在我们的生物和自然环境中。"❶ 同时，文化对唯意志论也小心翼翼，人类不是环境的产物，同样环境也不是人类任意打造自我的黏土，自然对文化也有严格的限制。文化体现了多重矛盾之间的统一和张力，特别是表现了人类自身的两种相反的力量：一种渴望着精进的力量，一种保持着构成这种精进的原始的力量。

"文化因此既是自我克服，也是自我实现。"❷ 文化与自然同根同源，文化一词虽然提醒我们两者之间的区别，但是其内部的自然之力也使我们认识到自己与自然的同一关系。作为万物之灵长，我们能够自我反省、自我培养，超越自身，这些正是文化的价值、意义和必要性所在，也是我们与自然根本联系的前提。"文化这个术语的生物组织提醒我们文化在自然中持续的根基。至少，这些变迁（文化概念的）显示，文化和自然并不是像我们在20世纪文明末所经常想象的那样不相干。"❸ 伊格尔顿对文化概念的辩证分析，强调了文化中自然的一面，使文化与人造物相剥离。自然的文化以大写的姿态站在了地平线上，文化回归本源成为必然态势。

文化概念自然性的另一层内涵，即文化既体现自我塑造，也体现外在塑造。外在塑造力量的文化，如国家通过"道德教育学"来培养和培育我们，成为文化最强大的面孔之一。"把文化置于政治之上——先做人，后做公民——意味着政治必须在更深层次的道德层面上发展教化的资源和使个人成为适当的好脾气、负责任的公民。"❹ "文化，或者国家，是一种不成熟的乌托邦，在思想的层面上就废除了政治斗争，因此他们不需要在政治层面上解决它。"❺ 这种逆

---

❶ Eagleton T. Culture [M]. New Haven：Yale University Press，2016：10.

❷ Eagleton T. The Idea of Culture [M]. Malden, Mass.：Blackwell，2000：11.

❸ Casey, E. S. Getting Back into Place：Toward a Renewed Understanding of the Place-world [M]. Bloomington：Indiana University Press，1993：230.

❹ Eagleton T. Culture [M]. New Haven：Yale University Press，2016：12.

❺ Ibid.

行的文化打造了理想的人的形象,却掩盖了文化内在的自然性,使文化以一种内在批判的形象与国家同谋。文化的矛盾性特征因此既是自身发展的动力,也造成了自己演变成面目全非形象的结果。

在外在塑造不断对文化加强改造的同时,文化的自我塑造也没有停止。随着时代的发展,文化逐渐向艺术领域专业化发展。有修养的人是指在音乐、文学和绘画领域富有创造力和想象力的人,而科学、哲学、政治和经济等智力活动则被认为缺乏创造性。浪漫主义在美学文化中找到了政治的替代品;艺术的无价值成为对资本主义的理性主义和交换价值的无声批判。艺术现在不仅可以通过表现美好生活,还可以通过成为美好生活及自我认同来塑造美好生活。由于文化是对工业资本主义的批判,所以它代表并肯定了人类潜能的整体性、对称性、平等性和广泛性。文化的这种新的、现代的意义导致了艺术的巨大的社会意义,而艺术是无法维持的,因为它们必须代表上帝、幸福或政治正义,浪漫主义迅速被启蒙的理性所取代。

直到后现代主义,文化的这一负担才从作为艺术的文化中消失。在以全球化为主要特征的后现代世界中,文化与社会生活再次相互联系。它们形成了"商品美学、政治奇观化、生活方式的消费主义、形象中心化,文化最终融入一般商品生产"❶的形态。美学的意义从专门化转向了艺术化,转向了日常的感性体验,从而重新回到了世俗的本源。文化的两种意义,即艺术和普通生活,在形式上被混为一谈。

2017年在《文化》(*Culture*)一书中,伊格尔顿对文化的观念再次进行了梳理,指出了文化最突出的四种含义:"①艺术和思想作品;②精神和思想的发展过程;③男男女女们赖以生存的价值、习俗、信仰和象征实践;④整体的生活方式。"❷伊格尔顿认可作为整体生活方式的文化最重要,但是正如威廉

---

❶ Eagleton T. The Idea of Culture [M]. Malden, Mass.: Blackwell, 2000: 32.

❷ Eagleton T. Culture [M]. New Haven: Yale University Press, 2016: 9.

斯所说,"如果说美学意义上的文化过于狭隘,那么人类学意义上的文化则过于庞大无形"❶。文化作为一种生活方式有包含过多东西的风险,即其具有内在膨胀性的倾向。后现代文化蔚为大观,但是不加区别的文化并不是文化的真实写照,文化错综复杂的发展历史表明文化绝不是一蹴而就的。文化是具有重大价值的宝库,是人类赖以生存、走向未来的根本,对文化的问题必须高度重视并进行细致分析。"很难抗拒'文化',这个词既太宽泛又太狭隘,以致不能发挥巨大作用的结论。"❷面对这样的现实,伊格尔顿号召激进左派要不断加强自我分析和反省,对后现代社会文化做出实质性回应和批判,将文化与其附加物相剥离,纵深挖掘文化的激进本质,赋予其切实的当代功能。

二、"文化"与"文明"的辩证统一

在广义上说,文化是对文明的批判,但是文化在某些方面仍与文明同义。对伊格尔顿来说,文化与文明不可分割。文化是文明的一部分,任何割裂二者的行为和企图都是不可取的。伊格尔顿运用历史唯物主义和辩证唯物主义对文化和文明进行客观的分析和批判,清楚地辨别两者在概念历史、现实、内涵、外延及属性等方面错综复杂的关系,揭示文化观念的多重维度,力图证明文化的各种意义绝不如表面上那么单纯无害。文化的观念从最初就包含不调和的种子,文化不能取代文明,面对后现代文化应该持谨慎的态度,而不是听之任之,后现代文化的观念本身就需要受到批评。

在探究文化的观念同时,伊格尔顿高度彰显文化与文明的区别和联系。与古老的文化一词相比,文明(源自拉丁语 civis)这个词要年轻得多,18世纪才在法国和英国被创造出来。在很长的时期内,文化与文明共生,两个词通常

---

❶ Eagleton T. Culture [M]. New Haven: Yale University Press, 2016: 10.

❷ Ibid. 35.

第三章 激进政治批评与文化

互换使用。文明在 18 世纪表现了启蒙运动世俗进步的人类自我发展精神和对现代性的欢呼。文化在启蒙运动中和文明具有相同的内涵，均指思想、精神和物质的普遍发展过程。文化的现代概念作为对早期工业资本主义的批判在 19 世纪工业革命时期出现，而文明则不可逃避地获得了一种帝国主义的回声：

> 另一个词相应地需要被用来表达社会生活应该是什么样的，而不是它是什么样的，德国人借用了法国的"文化"一词。文化因此成为对早期工业资本主义浪漫主义的、前马克思主义的批判。文明是一个友好的词语，一种和善智慧和愉悦举止，而文化则全然是前兆的事件，是精神的、批判的、高贵的，而不是兴高采烈地与世无争。如果前者是程式化的法国式的，后者则是具有成见的德国式的。❶

随着文明的描述性和规范性被分离，文化由文明的同义词走向了文明的对立面，"文化成为我们被驱出的失乐园、被粗鲁地拒绝的幸福花园、从历史水平线上消失的有机社会"❷。浪漫主义反抗文明，主张用文化作为替换来表达另一种意义的人类发展和进步。文明因此是启蒙运动的，文化是浪漫主义的；文明是关于事实的，而文化是关乎价值的。因此，"邮箱是文明，给它涂什么颜色则是文化"❸。浪漫主义的文化主张缺乏现实根基，但是对文化的激进阐释激发了人们的想象，文化的激进性因此被牢牢地铸造下来。

英国文化人类学奠基人爱德华·伯内特·泰勒（Edward Burnett Tylor，1832—1917 年）抛弃了文化和文明之间的区别，他从文化的角度认为这种区别是不必要的。泰勒的目的是研究可测量的社会表达，如风俗习惯，因此他宣

---

❶ Eagleton T. The Idea of Culture [M]. Malden, Mass.: Blackwell, 2000: 15.
❷ Eagleton T. Culture [M]. New Haven: Yale University Press, 2016: 14.
❸ Ibid. 11.

称文化只是文明的一种。两者之间这种含混性的影响一直持续到今天。泰勒之后，文化成了更受欢迎的词，特别是在美国，虽然这实际上与泰勒的本意大相径庭。文化保留了规范性，而文明则留下了描述性。但是实际上文化和文明都可以用于规范性和描述性的方式。伊格尔顿反对文化与文明的二分法，强调二者之间的辩证关系。文化既不能完全与文明相融合，也不能完全与之相脱离。归根结底，文化不可能脱离文明而独立发展，文化的各种观念中包含对文明的排斥和表达。文明既是物质的又是精神的，文明带来了进步也提升了感知。工业资本主义社会创造的财富建立了艺术画廊、大学和出版社，这些机构反过来又谴责社会的贪婪和市侩。文化与文明之间的对立与统一促进了社会的协调发展。

但是同时，文化的自我塑造同样不容忽视。文化作为一种生活方式反映的是一个国家、地区、阶级和种族的生活，主要是一种风俗和习惯。这个意义更适于前现代社会，因为前现代社会象征实践和社会活动之间的界限不那么清晰，两者之间的联系也比较紧密。在现代社会，社会活动开始脱离文化价值，被附加上了经济价值，功用的问题开始变得突出。但是，也正是如此，文化扩展到了整个社会生活才具有了意义。因为文化虽然包含物质机制，但是它更主要是一种精神现象。与文明相比，文化不那么容易受功用的支配并被实用考量所削弱，因此可以对社会、政治和经济活动进行批判。作为象征实践的文化和作为整体的生活方式的文化之间，在某种程度上可以达成内在的一致。威廉斯所谓日常文化的意义便在于此。

文明与文化的冲突和对立使文化获得了自主，但是文化取代文明在后现代社会进一步平添了另一层意味。如今文明意味着对理性的反思、物质的幸福、个人的自主和讽刺性的自我怀疑；文化则意味着一种习惯性的、集体的、充满激情的、自发的、无反射的、有关联的生活方式。因此，发现我们有文明而他们有文化并不奇怪。文化成了新的野蛮。这种逆转并不是无关痛痒的，从文明

第三章 激进政治批评与文化

到文化的滑动与文化的万能渗透同时发生,文化的提升使文明退居到了幕后。但问题是,文明与文化并不能各自为政。文明需要文化,即使它感觉比文化优越。它自己的政治权威将不会发挥作用,除非它能以一种特定的生活方式安顿下来。男人和女人不容易屈服于一种无法融入日常生活的力量——这也是为什么文化在政治上如此重要的原因之一。

当前,后现代小写的文化和文明对大写的文化和文明的挑战越来越激烈,文化不断地泛化并脱离真正的社会生活。伊格尔顿超越了威廉斯将文化视为"象征实践"的观点,关照"作为整体生活方式"的文化。文化具有自我救赎的能力,它需要重新审视自身的根基,在与文明的冲突和对立之中恢复社会批判功能。威廉斯绕过文化与文明的区别和联系,试图将文化唯物主义作为对现代社会的突围,但是并不能从根本上打破后现代文化的桎梏。伊格尔顿在威廉斯的文化观上做了理论调整,将矛头直接指向西方资本主义文明,以解构主义姿态对文化和文明进行了重新建构。

文明和文化都涉及一个民族全面的生活方式,文明是放大了的文化。它们都包括"价值观、准则、体制和在一个既定社会中历代人赋予了头等重要性的思维模式"[1]。亨廷顿(Samuel Phillips Huntington)认为冷战之后,主宰世界的是文明的冲突。然而,有中国学者指出:

> 亨廷顿强调不同文明形态之间的差异、侧重不同民族之间对立的情绪,却忽略了各种文明之所以形成正是基于人类共性上的那些价值追求和道德理念,比如对真善美的向往、对公平和正义的肯定……共同的美好诉求,是各地区文明不约而同生成存在的基础。文明,就是为区别野蛮而存在的,所以在文明之间,必然是共性大于差异。[2]

---

[1] 塞缪尔·亨廷顿.文明的冲突与世界秩序的重建[M].北京:新华出版社,2010:20.
[2] 曹雅欣.国学与社会主义核心价值观[M].北京:光明日报出版社,2015:34.

同样，在伊格尔顿看来，不同文明并不意味着冲突。进入 21 世纪，特别是"9·11"之后，文明内部出现了分化。文化成了新的野蛮，文明和野蛮之间的冲突不如说是文明与文化之间的冲突。虽然两者之间不可能有绝对的对立，但是互相敌对使原本就很复杂的问题更加复杂化。回溯文化与文明的历史，正视现在、搁置争议，或者去掉虚假的争议，文化与文明携手走进未来是最好的选择。伊格尔顿以托马斯·曼（Thomas Mann）《魔山》（*The Magic Mountain*）作为答案。"在这部作品中，生和死，确信和否定，爱欲和死亡本能，神圣和猥亵，全都紧密地交织在一起。"❶

正是因为文化与文明的交错，文化自身的矛盾性使之不能成为宗教乃至政治的全权代理，而更多的是作为一种内在的批判存在。随着现代性的到来，文化和文明逐渐分裂，在各种有效的象征实践形式中，文化一家独大。与其他远离公共生活的象征实践相比，文化有独到的优势，但是文化的属性注定始终是一把双刃剑。文化越是企图冲锋陷阵，就越远离现实的土壤，最终会自我颠覆。马克思主义致力于调和文化与文明，将自我实现和人类共同的福祉统一起来。马克思主义的部分力量转移到遭到抛弃的象征实践领域，特别是宗教之中。原因之一就在于宗教与社会生活的脱节使严肃的哲学和政治思辨成为可能，这就是"相反相成"的效应。

如果文化持续拒绝文明，或者文明反对文化，文化就不可能成为有效的政治批判手段。伊格尔顿强调文化和文明的对立统一关系，反对文化一家独大，用意就在于扭转这种僵局，"阻碍人们进入 21 世纪的中心问题根本不是文化问题，而是更加日常的和物质的问题"。文化具有无可置疑的政治相关性，但是"如果谈论文化的人除了夸大文化就没办法的话，可能他们最好应该保持沉默"❷。

---

❶ Eagleton T. Reason, Faith, & Revolution : Reflections on the God Debate [M]. New Haven : Yale University Press, 2009 : 161.

❷ Eagleton T. Culture [M]. New Haven : Yale University Press, 2016 : 151.

三、文化主义与文化相对主义

1992年，斯图亚特·霍尔（Stuart Hall）在《文化研究及其理论遗产》（*Cultural Studies and Its Theoretical Legacies*）一文中提出了"文化主义"，用来指理查德·霍加特（Richard Hoggart）、威廉斯和 E. P. 汤普森（Edward Palmer Thompson）的人类学和历史主义文化研究方法。"文化相对主义"最早是由美国著名人类学家弗朗兹·博厄斯（Franz Boas）提出的，主要强调任何一种文化都有自己独特的历史，并无高低贵贱之分。任何民族都不应该以自身的标准来衡量其他民族的文化。其核心是承认并尊重不同民族的文化，并在平等的基础上进行民族文化交流。文化主义和文化相对主义在后现代主义语境下都纷纷超越了人类学的范畴，获得了哲学的和实践的维度。伊格尔顿坚持马克思主义的阶级分析和经济决定论，审视了后现代文化主义和文化相对主义，伊格尔顿指出：

> 后现代主义最不吸引人的地方就是它把共产主义的立场压向了一个倾斜的文化主义、道德相对主义和对普遍性的敌视，与一种持有此立场并共享共同体、历史性和关系性等积极价值的社会主义成对比。然而，后现代主义还将所有这一切与共产主义者的敌人——自由主义最令人不齿的方面相结合。❶

后现代文化主义是还原主义的，过度地强调文化差异，忽视男男女女作为自然的、动物的共同本质。大写的文化自20世纪60年代以来转向了其反面，即一种对特定身份进行确认的小写的文化，曾经共识的领域成了冲突之地。文化从问题的解决方式成了问题的一部分。后现代主义认为资本主义正在进行文化转向，是一种从物质转向非物质的美学化的资本主义。然而，"并不是资本

---

❶ Eagleton T. The Illusions of Postmodernism [M]. Hoboken：Wiley，1996：86.

主义被美学的文化所控制，而是资本主义吸收了文化为自身的物质所用。这种美学模式的资本主义生产前所未有的更加冷酷无情、更加工具化"❶。伊格尔顿认为"资本主义试图吸收它曾经的对立面，其中最明显的例证就是大学的衰落。它与双子塔的倒塌一道同为这个时代最重大的事件"❷。大学作为曾经批判反思的竞技场，如今逐渐萎缩成为"市场的器官"，掌握在技术治国者的手中。对他们来说，一切都是商品，文学在资本主义社会也以是否促进经济来被评判优劣。新的学术无产者出卖劳动力给资本家，在互相交换的过程中，他们很快发现正统文学不是一件好商品，文学被一种新的正统——流行文化所取代。文学理论家在流行文化中得到拯救，重新回归到中心地位，与资本主义互相为谋。大学的文学系因此成为过去。"当前的文学学生缺乏文学修辞知识，归根结底是文化问题，但并不是文学或美学意义上的文化，而是广义上的人类学意义上的文化。而当前的文学教师们对此毫无对策。"❸文化主义则成了文学批评家的政治冒险，与对当前西方世界政治形势的解读相适应。

　　文化越来越流行，但是它也越来越去政治化。后现代主义是一种文化主义，因为它拒绝承认不同种族社会上和经济上所共有的东西比文化差异更重要。而实际上，正是这些关乎着政治解放。后现代的偏见不断地腐蚀、破坏作为对文明批评的文化。文化概念作为批评或乌托邦的维度迅速衰落。在消费资本主义社会中，文化成为最好的商品，以超然的精神让每一个人触手可及。这并不是因为文化具有其他意识形态代理所没有的价值，而是源于商品虚假的民粹主义。商品对等级、排外和歧视的热情否定建立在对每一个人完全漠然的基础上。商品完全不在乎阶级、种族和性别，而是以一种看似完全公平的精神去俯身迎合任何手中有钱的人。

---

❶ Eagleton T. Culture [M]. New Haven：Yale University Press，2016：97.

❷ Ibid. 152.

❸ Eagleton T. The Death of Rhetoric [J]. Academic Questions，2012，25（4）：546-551.

第三章 激进政治批评与文化

多元文化也有类似的漠然。多元文化主义主张差异，但是差异是一个相当误导的字眼。多元论下汇聚的各种文化差异并不是一种维特根斯坦式的给定的、没有原因的不能进行价值判断的存在。后现代主义对多元文化的推崇无疑是错误的，是一种典型的伪善之辞。原因有二：第一，多样性是与等级制度相称的；第二，并不是任何一种文化都会得到称赞。后现代主义的泛文化观很自然地导致了文化相对主义。虽然多元文化对现存的社会秩序是一个威胁，但是这种威胁只不过是在思想层面上的，并不是在实践行动上的。因此：

> 身份政治和多元文化主义可以称为激进的力量，但是并不是革命的力量。一些政治流派大面积地放弃了这方面的希望，一些则根本就没有考虑过这些。……与之对比，今天的文化政治，普遍没有挑战过这些优先级，它说着性别、身份、边缘、多样化和压迫，却主要不是国家、财产、阶级斗争、意识形态和剥削。大体来说，这些不过就是反殖民主义和后殖民主义的区别。❶

后现代主义反对基础，实质上它反对的是传统意义上的基础，如今这种基础新的形式是文化。文化成了基础，成为锄头挖到岩石的底线。而后现代主义欢呼这种文化，这就是后现代主义的矛盾之处。文化不可能自我驱动，文化产业这个词就已经提醒我们，文化发展的主要动力绝不是出于文化的，而是利益动因驱动文化的全球传播。文化产业证明了后资本主义制度扩张的野心，展现了一种新的殖民主义。文化的影响越大，全球资本主义就越得到加强，对正统意义上的文化就会越有害。有学者指出，"文化主义不能满足理解当今社会的需要。我们需要一种既能够区分身份和阶级还能说明两者之间因果互动关

---

❶ Eagleton T. Culture [M]. New Haven：Yale University Press, 2016：160.

系的方法"❶。伊格尔顿具有相同的思维,他坚信马克思历史唯物主义和阶级分析在当前形势下依然是有效的。我们面临的政治冲突最终并不是关乎文化的,不管文化对那些努力重申身份和遗产的人多么重要。文化并不是话题的边界,文化必须正视自己的物质前提,因为我们都是物质的动物,我们的身体构成先于文化构成。与后现代主义泛文化的自恋相对应,真正的唯物主义能够正视物质是难以驾驭的,应以现实主义和悲剧精神对他者和世界的完整性保持尊重。

威廉斯的文化唯物主义运用唯物主义研究文化的社会和物质根基,强调文化的物质构成,丰富了马克思主义的研究领域,但是同时也过度模糊了马克思主义经济基础和上层建筑之间的界限。伊格尔顿认为,文化唯物主义在这一点上与新历史主义相类似。文化唯物主义构成了连接后现代主义和马克思主义之间的桥梁,既激进地修订了后者,又对前者时髦的、非批评的、非历史的一面小心翼翼。当今,许多英国的左派文化批评家都处于这种立场。伊格尔顿批判性地指出:

> 文化不仅是我们赖以生存的,在更大的层面上,它还是我们为之生存的。情感、关系、记忆、亲属、地点、社区、情感满足、思想享受、终极意义感:与人权宪章和贸易条约相比,这些离我们大多数人更近。然而,文化太近也可能导致不舒适。只有在一个开明的社会政治语境下,以更加抽象也更加宽宏的立场来调节,这种亲密才能够保证不向病态和偏执发展。❷

---

❶ Fraser N. Toward a Nonculturalist Sociology of Culture:On Class and Status in Globalizing Capitalism [M]// N. W. H. Mark D. Jacobs. The Blackwell Companion to the Sociology of Culture. Oxford, UK: Blackwell Publishing, 2007:444-459.

❷ Eagleton T. The Idea of Culture [M]. Malden, Mass.: Blackwell, 2000:123.

后现代文化变得越发傲慢和自负，似乎可以意味着一切及取代一切。左派政治的尴尬地位很大程度上源于对于文化过度自大的视而不见。与传统的西方哲学相比，后现代主义哲学是文化相对主义的，对普遍性的否定和文化标准的强调使一切都脱离了轨道。实际上，普遍性与差异性并不矛盾，普遍性中蕴含着差异，差异只有在普遍之中才有意义。后现代文化主义和文化相对主义已经成为阻碍激进左派客观地认识现实的迷雾，伊格尔顿呼吁激进左派应该正视并超越文化的局限性，以社会主义/马克思主义者的立场，以更加开放、更加辩证的姿态拥抱文化。

第四章 "理论之后"的理论

第一节 "理论之后"

一、文化理论的危机

理论的丧钟已经敲响了很久，似乎理论已死。然而，自20世纪末，马克思主义文化理论家伊格尔顿就开始打响了理论保卫战，不断地叙述理论的历史、后现代主义的虚幻和当代文化理论的不足，以及"文化理论再次开始雄心勃勃地思考"的必要性。在《文学理论引论》中，伊格尔顿曾呼吁"文化研究"或"话语理论"，或回到"修辞学"；而如今，文化理论正如日中天，占据着批评的高地，伊格尔顿却要细数理论的危机，试图批判和补救。

文化理论曾经是解决文化左派思想范式问题的一种良方，现在却常常起到逃避任何政治或深层次结构分析的作用。伊格尔顿认为，对文化理论从政治到文化转变的历史进行回顾，重新找到激进左派政治力量的源泉极具必要性。20世纪60年代是民权运动、学生运动、民族解放运动等文化运动风起云涌的时代，也是文化理论的黄金时代，同时消费社会也在这个时候异军突起。在这两股力量的并行和交汇中，文化理论的高点是其下行曲线的起点。以后殖民主义为代表的新的文化理论抛弃了阶级和民族的概念而大谈种族，这样就被吸收进一个截然不同的后现代"身份政治"问题中，文化理论的焦点就此从政治转向文化。20世纪90年代，随着后结构主义等理论被后现代主义所取代，话语

第四章 "理论之后"的理论

回归实在。这种转向所带来的负面影响即理论与社会和政治相脱离。在一个全面物化的社会，文化理论成为后现代所提供的最耀眼的商品。文化理论的去政治化和对文化的夸大与西方资本主义社会的后革命氛围相和鸣，两者达成了隐秘的同谋。21世纪初，学术界处于"理论之后"的时代，虽然仍生活在过去时代的影响之中，但是理论的主流地位已经不再。

站在世纪之交，伊格尔顿以回顾和展望的姿态对文化理论进行了盘点，针对得失清单提出了一系列的补救措施。《理论之后》是他的补救系列的开篇之作。在前言中，他宣称要反对当前正统的文化理论，因为所谓正统的文化理论并没有致力于解决政治形势迫切需要的探究性问题。在反资本主义斗争中，这对于激进左派极其不利。伊格尔顿所谓的"理论之后"，实质上探讨的是在理论的余波中文化理论的走向问题，而非提出新理论。与在《后现代主义的幻象》中的批评实践相同，伊格尔顿从社会主义/马克思主义的视角对文化理论进行了反思和追问。

文化理论鼎盛时期对马克思主义的思辨，以及对革命民族主义、女权主义对马克思主义的复兴和探索，都丰富了马克思主义并促进了马克思主义的自我反思。

> 并非所有新的文化思想家都与马克思主义思想有这样注定的关系，但是似乎可以公平地说，大多数新的文化理论都出自与马克思主义高度创造性的对话之中。以围绕马克思主义寻找一条出路且不会将之丢在身后的努力开始，以恰恰就是这样做而结束。❶

然而进入低潮时期的文化理论完全忘记了自己的初衷：

---

❶ Eagleton T. After Theory [M]. New York: Basic Books, 2003: 35.

问题是你是否能放宽对理论的限制而又不使它分崩离析。……正当20世纪60年代的激进文化民粹主义不由自主地为20世纪80年代玩世不恭的消费主义铺平了道路时，一些当时的文化理论开始激进化马克思主义，然而最后通常完全地超越政治，即以深化马克思主义起始，却以取代它而结束。❶

文化理论特别是后殖民主义、种族、性和文化研究等，并不仅是脱离理论，而是把理论置于身后——不仅是置于身后，它们甚至要取代理论，这构成了理论的危机之一。伊格尔顿从社会主义／马克思主义视角对后现代主义进行了全面的批判。他分析了后现代主义的谬误,为后现代主义所否定的等级主义、本质主义、目的论、超历史、普遍性等进行了辩护。伊格尔顿并不是要力主恢复这些概念的地位，而是主张要辩证地认识问题，不能为了维护某种观点就忽视对立观点的合理成分。通过对理论的历史、文化理论的历史及文化理论的得失进行盘点，伊格尔顿阐释了文化理论与理论，特别是它们与激进理论不可分割的渊源，指出文化理论在当代所肩负的责任，为各种宏大叙事的回归做了清场。

面对结构主义、后结构主义等"过时"的现状，伊格尔顿指出当前文化理论存在的主要问题是与自身取得的成就相伴相生的。文化理论的主要成就之一就是确定"性"和"大众文化"是合法的研究对象。学术与日常生活的无缝衔接带来了自由和进步，但是也给学术带来了失去批判能力的危险。学术正统彻底颠覆的代价就是文化理论的自我迷失，即与狡猾的消费资本主义同流合污。消费资本主义鼓励消费，号召人们沉迷于感官享受，将人的自我实现与制度的生存同一。文化理论在这一方面的主张正中消费资本主义的下怀。

---

❶ Eagleton T. After Theory [M]. New York : Basic Books, 2003 : 37.

第四章 "理论之后"的理论

文化理论的另一大成就——后殖民主义在取得理论进步的同时，也带来了严重的理论危机。萨义德（Edward W. Said）《东方学》（Orientalism）的发表标志着理论下行曲线的起点，后殖民主义以种族的概念代替了民族和阶级。这种研究对象的转移使理论关注的焦点从政治问题转向了文化问题。新一代的理论家或者太年轻或者太愚钝而并没有多少重大集体革命的记忆，认为集体行动不过是对弱国发动战争。而实际上，集体政治行动的目的正是要终结这种非正义的行为。这种"去政治化"及对文化的过度吹捧契合了西方的后革命气候，随着新的全球政治历史时期的开启，形成对激进左派最具有破坏力的打击。

理论从话语转向文化，从抽象的观念转向所谓的真实的世界。这意味着既有得又有失。在世界两极分化越来越严重、资本主义使越来越多的人流离失所的境况下，文化研究却鲜有谈论资本主义。文化研究在取得了进展的同时，却失去了激进批评的力量。这一事实从侧面证明了资本主义越来越强大、越来越狡猾。在这种形势下，伊格尔顿指出马克思主义批评家必须担负起批评的责任，扭转当前批评的阐释危机，解决因文学理论衰落而留下的一些悬而未决的重要问题。

为此，伊格尔顿对《文学理论引论》时期将批评扩展到整个社会实践领域的主张做了调整，即重新强调文化理论实践中文学批评的重要性。其并不是从文化的阵地回撤，毕竟文化是宗教之后意识形态的主要场域，但是目前的任务是要首先挽救文学批评的危机。伊格尔顿所关注的领域看起来有些狭窄并且有些陈旧，但是这正体现了其履行马克思主义文学、文化理论家的职责，也体现了其颠倒了的本质主义者的一面。因为文学批评的危机就是文化理论最大的危机，也是文化理论衰败最明显的表现。

当前文学批评的危机，一方面是文学批评学者对形式不再敏感，另一方面又怀疑批评家的社会和政治责任。20世纪80年代后期，随着晚期资本主义的发展，自由人文主义逐渐消解，英国文学研究被文化研究所取代。"帝国结束的损失简言之已经付出了代价：在一个后帝国、后现代文化中，英国文学在一段时间以来像一只无头鸡一样活着，不断被证明是一种不切实际的话语，不是在偏远的大学就是在内陆城市的学校里生存。"❶ 现在一个普遍的情况是研究文学的学生和学者并没有受到多少文学批评的训练，割裂了能指与所指。这并不是所谓的文学理论的晦涩所导致的，而是因为现在的文学学者把文学文本看作语言而不是话语，对文学文本的内容分析大过了对形式的分析。为了获得语义内容，学者们将文本的物质特征搁置一旁。而文本是自我意识的载体，是有形的精神，这种还原主义的阅读不仅使批评陷入了僵局，也带来了修辞之死。修辞作为社会政治语境中对词语策略和述行行为效果的双重分析，包含语言和内容两个方面。不掌握语言，行为的意义是断裂的，效果自然也无法实现。"历史高点上的文学批评两者兼而有之，一是文学作品的纹理和基质，一是作品的文化语境。语言是大写的文化和小写的文化进入意识的媒介。而文学批评是感知这个媒介的厚度和复杂性的方式。只要关注自己独特的对象，文学批评就可以获得整体文化命运的根本含义。"❷

得益于所受的细察学派的阅读训练，伊格尔顿的文学批评以阅读的策略作为基础，他十分注重如何在阅读实践中贯彻修辞批评。2005 年《英国小说导论》(*The English Novel: an Introduction*)、《如何读诗》(*How to Read a Poem*)、《如何阅读文学》(*How to Read Literature*) 等作品是他加强文学的形式研究、确保修辞批评效果的重要表现。针对当今文学争辩中认为文学理论阻碍对文学形式分析的陈词滥调，伊格尔顿痛斥其如同所有不管证据多么确凿仍拒绝消失的顽固流言一样，是服务特殊目的的。所有的文学理论都包含大量的细读，但是在后现代工具理性占主导的社会中，语言被剥夺了情感特性，仅仅作为一种交流工具而存在，越来越商品化，文本的述行行为被压制。这一切正契合了资本主义

---

❶ Eagleton T. The End of English [J]. Journal of Literary Studies, 1986 (2): 8.

❷ Eagleton T. How to Read a Poem [M]. Oxford: Blackwell, 2007: 8.

的发展。为了对抗这一现状,伊格尔顿在《文学事件》(*The Event of Literature*)中提出"作为策略的文学文本"的观点,用策略来区分不同的文学话语。策略是目的性的,激进政治批评的理论和方法只要能够有助于实现人类解放,以及实现为社会主义革命创造更好的人的战略目标,都可以接受。"修辞批评家都是问心无愧的多元主义者,任何事物只要是有助于政治变革的都可以接受。"❶ 策略与多元共同构成了伊格尔顿修辞批评的主要维度,两者相辅相成。

伊格尔顿在"理论之后"采取的传统主义的立场,无论是回到天主教激进左派社会革命思想,还是回到细读的形式分析,都体现了一个完整的循环,他本人也承认这一点。在过去的资源中寻找针对当前危机最有力的解决办法,向最广大的群众进行理论和概念的普及,是对效果和功用最大限度的体现。伊格尔顿无意去建功立业,在他看来,马克思主义已经给出了全部问题的答案。在实现马克思主义所预见未来的过程中,与资本主义进行文化斗争,争取离散话语的主导地位,为集体性政治活动的到来创造思想和现实条件是最紧要的事务。在文学问题上,文学理论家、批评家、教师与其说是学说的供应者不如说是话语的守护者,与人文主义社会主义者守护文学正典一样,守护的就是修辞批评。伊格尔顿愤怒地指责后现代主义文化研究者对政治的背弃,"后现代主义对范式、统一和共识的偏见是一场毁灭性的政治大灾难。……如果男男女女需要自由和流动,他们也需要传统和归属感,追本溯源绝不是倒行逆施"❷。从这一点看,伊格尔顿始终没有脱离马克思主义文学、文化批评理论原点,不同时期的不同侧重都是基于激进理论健康及和谐发展的需要。

在探讨文学理论共同的本质时,伊格尔顿利用维特根斯坦家族相似性理论来定义文学理论、意识形态、悲剧,甚至后现代主义。在他看来,维特根斯坦哲学的先进性就在于看到了事物并不存在一个不变的本质,要全面把握事物必

---

❶ Eagleton T. The End of Criticism [J]. English in Education, 1982, 16 (2): 53.

❷ Eagleton T. How to Read a Poem [M]. Oxford: Blackwell, 2007: 16-21.

须从多个视角来进行。他盛赞家族相似性理论，认为其"是哲学所能想到的解决差异性和同一性最有启发性的方法"❶。文学最适用家族相似性，文学理论也是如此。文学理论没有单一的共同的特征，但是作为一种策略的文学作品的概念对许多文学理论具有启发性。伊格尔顿称为"一切事物的理论"（TOE）。伊格尔顿在维护反本质主义文学的同时，也陷入了本质主义，作为策略的文本以本质的面貌出现，构成了伊格尔顿政治批评的要件。文本既指向外部世界又自我指涉，成为一种连接世界和象征行为的独特方式，表现出了他"温和的本质主义"特点。

伊格尔顿研究者史密斯认为，伊格尔顿对文学话题的直接探讨与当前伊格尔顿的批评处境相关，尚不清楚伊格尔顿的目的和动因。但是显而易见，许多话题的讨论都来自他早期的一些作品。伊格尔顿所提出的是融合，但从他的许多见解来看，更像是停滞之作。他不断重复早期的观点，同时却奇怪地不愿意推动它们形成新的批评根基或语篇选择。❷史密斯的观点不无道理。不过从策略角度，如伊格尔顿本可以脱离他一直批判的利维斯的传统，但是他不但没有，反而利用实用批评来矫正当前文学批评形式分析训练的不足。伊格尔顿所谓的"文学转向"正是他所极力倡导的修辞批评的意义所在。如果没有一定程度对语言的敏感性，就不可能对文学文本提出政治和理论的问题。内容与形式不可分割，文学是内容和形式相结合的最完美的体现。形式对于激进者来说与内容是同样重要的。"有内容的政治，也有形式的政治。形式并不是对历史的干扰，而是进入历史的一种模式。"❸伊格尔顿正是以这样的立场阐释了文化理论的危机及其解决方式。

戴维·洛奇（David Lodge）认为，《理论之后》既是一部令人气恼的著作，

---

❶ Eagleton T. The Event of Literature [M]. New Haven；London：Yale University Press，2012：20.

❷ Smith J. Terry Eagleton [M]. Cambridge：Polity，2008：159.

❸ Eagleton T. How to Read a Poem [M]. Oxford：Blackwell，2007：8.

第四章 "理论之后"的理论

又是一部雄心勃勃和令人深思的著作,但是该书过高地估计了理论的重要性及其在学术界之外的影响,同时并没有对其内部的历史作适当的分析。伊格尔顿的"理论之后"预示着向理论告别,《理论之后》不仅表明他对"理论"幻想的破灭,更标志着自己工作中的一个新转折。伊格尔顿在之后的十年鲜有谈论理论。❶ 戴维·洛奇的观点代表了学术界对伊格尔顿的一种常见看法。一如曾经宣告"文学之死",伊格尔顿仿佛是在声称"理论之死"。但是对《理论之后》稍加细查就会发现,伊格尔顿已经明确地表达了"如果理论意味着对我们的指导性假设的合理反思,它仍然一如既往地不可或缺"❷。所谓"理论之后"更多的是对20世纪90年代理论界中开始的一股"理论之后"潮流的一个反讽。或者像有的学者指出的那样,"之后"意味着让理论先行的一个敬语。"《理论之后》意在集结队伍,恢复对理论的激动,提出'新的时代需要什么新鲜的思维'的问题。"❸

"理论"一词通常被加上文学、政治和社会等形容词作为定语来表示一种特定的意义。1990年托马斯·多彻第(Thomas Docherty)的《理论之后:后现代主义/后马克思主义》(After Theory: Postmodernism/Post Marxism)首开先河。虽然关于"什么是理论"仍然众说纷纭,但是伊格尔顿坚定地认为理论就是对自身状况的一种反思,对身体不适的症状的反应。这种反思活动并不是最近的产物,而是具有古老的历史。"当代批评家的作用是传统的。批评家不应该认为英国文学中出现的这些理论是时髦的和新流行的。理论代表着批评被狭义化和穷尽到所谓的'文学经典'之前,最珍贵的话题的当代版本。"❹ 从

---

❶ 王晓群,戴维·洛奇. 向这一切说再见——评伊格尔顿的《理论之后》[J]. 国外理论动态,2006(11):52-56.

❷ Eagleton T. After Theory [M]. New York: Basic Books, 2003: 2.

❸ Showalter, E. A Champion of Cultural Theory? [J]. The Chronicle of Higher Education, 2004, 50(20): B9.

❹ Eagleton T. The Function of Criticism [M]. London: Verso, 1984: 124.

这一角度来说，一方面，"我们永远不能在理论之后，没有理论就没有反思的生活"❶。另一方面，生活在"因伟大的理论家的思想而丰富的年代"，理论家和批评家也不可能再回到过去，必然要在更丰富的思想结晶的基础上继续前进。伊格尔顿文化理论的出发点和归宿始终是同一的，即基于激进政治的解放理想，对当前资本主义社会现状的分析和批判，对未来社会理想的昭示。文学和艺术是实现这种理想最有力的工具之一。从这个角度来看，理论就融于伊格尔顿批评的血脉之中，他不可能对理论产生幻灭，也不可能发生什么所谓的理论转向。

伊格尔顿对文学理论危机的探讨，从形式的政治入手，连接了经典文本批评和文化理论，将文化理论从过度的内容消费中挽救出来，增强文化左派对不同形式文本政治性的敏感度，恢复自身的政治意识，解析当前资本主义文化帝国的杂糅编码。因为"是形式而不是内容"是激进左派和保守派区别的重要标志。对文化的形式认识是走向自治的前提。伊格尔顿指出：文化并不是21世纪问题的核心，"我们在21世纪所面对的主要问题——战争、饥荒、贫困、疾病、负债、毒品、环境污染、民族被迫迁徙——根本并不是文化的。它们并不是价值、象征主义、语言、传统、归属或身份，更不是艺术"❷。文化理论要树立危机意识，从束缚自身的意识形态中解放出来，回归人类大同理想和实践，拥抱更加多样的生命形式。

伊格尔顿的文化理论是马克思主义文化理论的组成部分。按照陆扬在《论建构马克思主义文化理论史》中提出的观点，马克思主义文化理论史构建的一个可行的设想是"回到文本"❸，这里的文本指的是在马克思主义历史唯物主

---

❶ Eagleton T. After Theory [M]. New York：Basic Books，2003：221.
❷ Eagleton T. The Idea of Culture [M]. Malden，Mass.：Blackwell，2000：130.
❸ 陆扬. 论构建马克思主义文化理论史 [M]//. 治国理政新理念、新思想、新战略，上海市社会科学界第十四届学术年会文集. 上海市社会科学界联合会，2016：61.

义指导下，在历史的文本语境中探寻各个理论家对马克思主义文化观的阐释和发展。只有这样，才能在各异的理论中甄别哪些是真的马克思主义、哪些是假的马克思主义、哪些是非马克思主义及哪些是反马克思主义。

伊格尔顿对文化的研究遵循马克思主义辩证唯物主义历史观，一是探寻文化现象的客观性和规律性，对什么是文化、文化的内涵和外延进行了深刻的探索；二是运用社会存在决定社会意识、社会意识反作用于社会存在的观点，来分析文化现象的根源和对社会产生的影响和作用，指明后现代社会中文化与资产阶级的同谋，以及资产阶级社会内部文化的异质性等问题；三是通过生产力与生产关系、上层建筑与意识形态之间的辩证关系来阐释文化如何体现社会发展的基本规律；四是运用阶级斗争的观点，证明文化与阶级之间的关系，文化的阶级性等，对后现代主义对阶级的消除给予反驳；五是伊格尔顿对文化作用于社会实践的作用给予了肯定，在试图矫正文化自大的同时提出回归传统等文化建设的途径，注重文化与现实语境的结合。

需要注意的是，伊格尔顿在论述过程中并没有直接引用马克思主义唯物史观的观点，但是他始终按照马克思主义的立场和观点来对文化现象进行分析和评价，这是毋庸置疑的。伊格尔顿的马克思主义文化理论与经典马克思主义文化理论一脉相承，以文化产生和发展的历史条件、历史规律性为出发点，反对过分夸大精神能动性，批判文化相对主义，强调文化发展的社会物质基础，这与西方马克思主义学者、西方哲学家等对文化的论述存在着根本的差别。

二、理论的走向

文化的膨胀性是文化的内在属性之一，伴随着整个世俗化的社会进程。后现代文化相对主义融合了文化的描述性和规范性，与现代性对两者的模棱两可如出一辙。文化从延续激进政治的一种方式，逐渐成了政治的替代。或者说，现代主义用文化取代政治，后现代主义则等量齐观地融合了文化和政治，即所谓的"文化政治"。伊格尔顿眼中的文化政治主要是后现代主义的产物，并不是文化左派的文化政治实践。卡梅伦（J. M. Cameron）在谈到威廉斯、伊格尔顿倡导的共同文化时曾指出，如果我们想要充分实现共同的文化，那么我们就需要革命、社会主义，或两者兼而有之来实现这一目标。但是并没有多少政治层面的策略或战术问题得到关注，因此这种共同文化就具有了一种遥远的乌托邦的性质。卡梅伦批评文化左派并没有严肃地思考革命的中心问题，他同时指出伊格尔顿也看到了这一点，并提出警示："不能用一种操纵模式的社会主义来替代社会中的主导或操纵模式。文化左派把握到了这个难点，在实践中却依靠的是秩序的力量，因此走向了当前政治形势的极右面而不能称之为革命者。"[1] 如果说文化左派的政治实践因为缺乏有效的革命手段和具体措施而失掉了政治紧迫性，那么后现代文化政治则彻底在文化与政治的融合中消解了政治。伊格尔顿批判后现代文化政治只谈性、身份、边缘、多样性和压迫，并不是以国家、财产、阶级斗争、意识形态和剥削为主要术语。这种文化政治在某种意义上是精英概念的文化的对立面，却与精英主义同样过分夸大文化事务，同时远离了根本性改变的前景。

后现代文化政治的身份政治、多元文化主义是激进的但并不是革命的。文化政治归根结底是文化的，而不是政治的。文化被赋予了政治重要性，随之变得自负。但真相是，文化不能替代政治完成团结穷苦人以改变他们的生存状况的任务。文化太过于关注"你是谁和曾经是谁"，而不是"你能够变成什么样"。文化与文明的复杂统一关系在这里得以充分体现。

在这种形势下，马克思主义部分的激进力量转移到了神学的领域，这在当今最有见地和活力的讨论中可见一斑。

---

[1] Cameron J M. Culture and Revolution [M]//. From Culture to Revolution : the Slant Symposium. London : Sheed and Ward, 1968 : 524-525.

第四章 "理论之后"的理论

德里达、福柯、德勒兹所发展的后结构主义和其他20世纪60年代的理论，早已经不再是人文学科的先锋。一方面，它被一种以更直接的方式重新连接理论和激进政治的学术推动力所取代，我们称之为新左派主义；另一方面，它被对宗教的兴趣和世俗主义的批评所取代。最特别之处在于，理论虽然沿着这两条不同的路线发展，但是两者是彼此包容的。❶

左派不约而同对宗教的兴趣，从侧面反映了文化并不是人类解放的有效方式。文化在后现代社会被赋予了众多的功能，最突出的就是作为宗教的替代。文化几个世纪以来一直作为衰落的宗教的一种世俗的栖居地。马修·阿诺德（Matthew Arnold）、利维斯（F. R. Leavis）、理查兹（I. A. Richards）对这种文化观一脉传承。文化在后宗教时代是否能够连接大众和知识分子以达成精神的同盟？文化是否能像宗教信仰一样在日常行为中传递隐秘的真理，使范式和描述意义上的文化达到同一？答案是否定的。伊格尔顿认为，这种美学和人类学意义上的文化都是有机社会的梦想。在工业资本主义社会中，文化并不能够步宗教的后尘成为社会秩序和道德行为的保证。没有任何一种象征形式曾经像宗教一样将最崇高的真理和无数男男女女的日常经验相连接。"文化并不能起到上帝的替代品的作用，艺术作品并不能拯救我们。庆祝作为一种生活方式的文化是一种太狭隘的救赎方式。"❷

左派的宗教转向是否意味着上帝回归的可能？答案也是否定的。文化不能履行救赎的功能，宗教也不能。宗教虽然与人的日常经验连接最为紧密，但是宗教并不具有解放的物质功能。只有马克思主义才能够引领人类解放。马克思主义是一种完全世俗化的政治，说着与宗教毫无关联的语言。然而，在广义上，

---

❶ During, S. Exit Capitalism : Literary Culture, Theory, and Post-secular Modernity [M]. London : Routledge Ltd, 2010 : 131.

❷ Eagleton T. Culture and the Death of God [M]. New Haven : Yale University, 2014 : 159.

马克思主义与宗教又是可以进行交流和对话的，20世纪60年代天主教左派的实践已经充分证明了其可行性。马克思主义与宗教在公正、解放、反压迫、无产者的政权、未来的理想社会等方面享有共同的主旨。激进左派在宗教、神学中能寻找到丰富自己斗争话语的机会和启示。

回顾文化概念的历史，文化、宗教和政治三者之间的关系昭然若揭。文化不能替代宗教，文化、宗教也不能替代政治。21世纪，人们所面临的主要问题是物质问题，文化和宗教都不能给出解决办法。文化理论家必须更新思维方式，打破后现代文化主义的束缚，客观正视文化的位置，树立政治批评，推动塑造真正被社会共同享有的普遍价值观的物质条件的最终形成。在此，我们看到伊格尔顿的政治批评是在马克思主义、辩证唯物主义框架下的。它的提出就是对后现代主义发动的攻击，与后现代背景下孕育的文化政治是不同内涵的两种批评方式。

> 但是并没有文化政治——某种特别文化的政治形式。相反，文化在内在上根本不是政治的。唱一首布列塔尼情歌、开一场非裔美国画展或宣布自己是一个女同性恋绝不是内在政治的。这些事情并不是生来和总是政治的，只有在某种特定的历史条件下才是，而且也是不令人愉快的那种。它们成为政治的，只有当它们被卷入一个统治和抵抗的过程之中——这些无害的事情才会出于这样或那样的原因变成斗争之地。文化的政治的最终目标是恢复它们的无害性，如此人才可以唱歌、绘画等，不必受讨厌的政治纷争的打扰。❶

文化政治的策略性昭然若揭。与此同时，按照伊格尔顿的一贯逻辑，既然一切批评都是政治的，政治一开始就在场，文化政治批评就是一种同义重复。

---

❶ Eagleton T. The Idea of Culture [M]. Oxford, UK；Malden, Mass.：Blackwell, 2000：116.

第四章 "理论之后"的理论

文化在被赋予政治重要性后,其自身的内在膨胀属性会不可避免地催生自大,文化的现状正是如此。文化超越了政治,在承认其本身的地位和作用的基础上,令其归位是当务之急,即回归美学意义上的文化,而不要过分夸大人类学意义上的文化;回归作为整体生活方式的文化,而不是仅仅作为象征实践;回归其政治批判功能,而不是全然以一种先锋的政治面目出现。

伊格尔顿在一种宏大的层面上肯定了文化理论。如果说理论是一种对指导性假设的一种合理反思,那么理论一如既往的不可或缺。我们永远不可能在理论之后,但也不可能再回到理论之前。当前,必须沿着理论之路继续前行。后现代主义对团结、统一和共识的偏见思维方式相当缺乏智慧。在当前资本主义改头换面时,文化理论的错误之处在于仍然在原地兜圈子,而在反恐战争和反资本主义运动即将到来的形势下,这是十分不可取的。伊格尔顿指出,文化理论必须大胆探讨它一直羞报的话题,要致力文化理论所不能回答而当前政治形势迫切需要的问题,为此必须对文化理论进行及时补救。伊格尔顿的补救措施就是以一种宣言式的姿态,转向了文化理论所羞于触及或感到尴尬的根本问题,包括道德、形而上学、爱、生理、宗教、革命、邪恶、死亡、苦难、本质、普遍性和基础等,试图找出它们对激进左派的启示。伊格尔顿自称是神学或形而上学转向。实际上无论其本人对这种理论探索表述为"转向"还是"回归",将这种字眼视作其戏谑式写作风格的体现更为恰当。本质上,伊格尔顿21世纪的文化理论是对早年天主教左派政治未尽话题的再思考,更是对后现代主义的反击和对文化左派斗争话语的扩展。从对激进政治理想的追求上来说,他从来不曾发生过转向,也不会去做所谓的"转向"。

盘点文化理论,衡量得失,伊格尔顿痛彻心扉地指出:"后现代主义对范式、一致和共识的偏见是一场政治大灾难。"[1] 对一些后现代主义者来说,共

---

[1] Eagleton T. After Theory [M]. New York: Basic Books, 2003: 15.

识是暴政，团结是没有灵魂的一致。与自由派用个人来反对共识和团结相反，后现代主义用少数和边缘来与之对抗，在其中寻找丰富的政治的空间。这实际上是另外一种形式的精英主义。因此，后现代主义并没有像它所声称的那样走得太远。当代反资本主义斗争就在眼前，文化左派如果还固步自封地沉迷于对宏大叙事的攻击，只会在与资本主义合谋的深渊中越陷越深。

伊格尔顿主要从以下几个方面探索并推动了后现代文化理论走向。

首先，伊格尔顿修正了自己的文化政治观。在《文学理论引论》中，伊格尔顿提出了政治批评，并将其作为激进左派斗争的主要手段。他强调一切批评都是政治的，并没有纯粹的文学，也没有所谓纯粹的文学理论。他旗帜鲜明地发出了文学的讣告，主张要将文学扩展到文化的离散空间。在1996年《文学理论引论》第二版的后记中，伊格尔顿对这种文化政治观做了回顾，指出当时20世纪80年代所处的历史节点使他并不能对紧接着发生的一切进行预判。20世纪80年代的革命乐观主义被90年代的现实主义所取代。伊格尔顿强调以悲剧精神来面对冷酷的现实，这并不是一种悲观主义，而是在认清形势之后对现实的反思和超越。20世纪90年代后期至今，伊格尔顿的作品呈现出全面反思和修正。《理论之后》中从文化政治回归到政治，提出对后现代文化自大的应对策略，与2000年《文化的观念》中对文化的分析和批判遥相呼应。在文化和政治的天平上，伊格尔顿十几年来一直致力于揭示和竭力呼吁扭转文化一端过度倾斜的现象。2017年，他再次从文化哲学的角度对文化的自大进行了剖析，迫切的文化归位的疾呼是文化理论前行的必要前提。

其次，宏大叙事的"旧话"重提，更多是丰富而不是取代文化理论。伊格尔顿对文化理论的成就持赞许的态度。他追溯了文化理论的历史，指出文化理论的兴起与政治运动的低潮密切相关。虽然西方马克思主义的文化转向很大程度是一种政治无力的结果，但是文化理论从文化这个对于人类生存至关重要的领域对自身的深刻反思，丰富和扩展了马克思主义。对文化理论的质疑很多都

第四章 "理论之后"的理论

是细枝末节的，不足以遮蔽它的成就。文化理论最大的敌人并不是来自外界，而是来自内部。它对文化的深深痴迷，使之抛弃了宏大叙事。在与消费资本主义共同成长发展的阶段，文化理论起到了分析和揭露资本主义的重要作用。但是随着文化越来越自大，它彻底取代了政治。文化理论遭遇诞生之日至今最大的危机，即它所赖以生存的基础即将被剥夺。文化理论如果不从这个幻象中惊醒，继续沉迷文化革命之梦的话，必然会沦为一种自我打败的意识形态。如果说这就是文化理论的宿命的话还为时过早，那么重新评估当前的处境，及时地进行补救，尚为时不晚。

伊格尔顿反复倡导文化理论应恢复对宏大叙事的记忆和信心。面对现实，只有现实才能连接着过去和未来。特别是面对着资本主义新的全球叙事、全球反恐战争打响的时刻，更是要对宏大叙事有深刻的认识。只有这样，才能了解敌人，制定有效的应对策略。伊格尔顿对本质主义的态度发生了缓和。

> 所有的绵羊都是独一无二的。本质主义并不意味着一致性。……本质主义并不忽视自然和文化现象的区别。文化现象可以具有某种特性，否则就会成为他者。如果歌曲没有声音，它们就不是歌曲。反本质主义者主要是哲学业余主义和无知的产物。[1]

20世纪90年代，伊格尔顿将后现代主义归纳为"一种拒绝总体性、普遍价值、宏大历史叙事、人类生存的坚实根基、客观知识的可能性的当代思想运动，怀疑真理、统一和进步，反对它认为文化上的精英主义，倾向文化相对主义，欢庆多元、断裂和异质"[2]。作为一种思维的方式，后现代主义告诉我们宏大叙事已成为过去，这对于当前的政治形势百害而无一利。伊格尔顿呼吁结束

---

[1] Eagleton T. After Theory [M]. New York : Basic Books, 2003 : 121.
[2] Ibid. 13.

后现代主义的思维方式，剔除后现代思维方式。"理论之后"的文化理论面临着新的挑战，它必须有自身的可应对的资源，其深度和广度能够与当前政治和历史形势相称。文化理论必须打破正统，开创新的话题，尤其是要深到它一直过于羞于面对问题。对本质、基础、宏大叙事的强调构成了伊格尔顿"理论之后"文化理论的走向。

最后，伊格尔顿在"理论之后"中所展现出来主要的思想精髓就是为马克思主义辩护。20世纪60—70年代，许多文化理论都是对经典马克思主义的批判。在与马克思主义的对话中，文化理论取得了长足的进步，也促进了马克思主义的当代发展。但是随着对话的深入，文化理论渐行渐远，远离了更新马克思主义的初衷，对马克思主义展开了抨击。进入20世纪80—90年代，马克思主义不相关性的说法甚嚣尘上。理论成为反理论，在解构了其他一切之后最终解构了自己。伊格尔顿强调文化理论的根——政治历史之根，认为只有扎根在马克思主义这个宏大叙事的土壤上，文化理论才能更加繁盛发展，成为抵抗全球资本主义侵蚀的革命武器。以马克思主义为核心，是伊格尔顿文化理论的关键点，也是其文化理论具有重要理论意义和价值所在。

从马克思主义视角来看，"马克思主义过时论"是当前世界最大的谬误之一。使马克思主义与时代不相关的东西正是马克思主义一直试图要解释的现实。并不是资本主义制度改头换面了，而是这种制度比以往更加强化了。马克思主义对贫富差距的预测正是当前世界最可怕的现实。伊格尔顿经常互用马克思主义和社会主义。在他看来，马克思主义或社会主义是一种对资本主义社会科学的分析和对未来社会的理想。但是，它们不仅是一种思想，还是一场政治解放运动。现在只不过是用来分析《呼啸山庄》的一种差强人意的方法。从某种程度上可以看出，作为马克思主义文学理论家和批评家的伊格尔顿的矛盾之处，即因为缺乏有效的马克思主义政治行动构想和实践，在批判文化理论纸上谈兵的同时避免不了陷入对于自身的指摘。

第四章 "理论之后"的理论

文化理论继承了 19 世纪末政治和文化的杂糅,却丧失了其魔鬼式的反叛精神。与 20 世纪 60 年代相比,20 世纪 80 年代则直接去掉了政治,仅剩文化作为抵抗的主要手段。文化承担起继续革命的功能。后现代文化政治对宏大叙事的不满和抛弃顺理成章,新一代的文化理论家开始试图在微叙事中寻找激进政治的不足。"马克思主义过时论"甚嚣尘上不仅是西方自由派的功劳,更有激进的文化左派自觉或不自觉地参与的影响。后现代文化政治的诞生带来的不是革命的出路,而是倒行逆施。文化政治并不是后现代所独有的,马克思主义从来就认为有效的政治运动必然是文化的。从这一角度来说,马克思主义者都是文化政治理论家,文化是革命斗争的重要阵地和手段。但是马克思主义者不会用文化来替代社会变革,单一的文化变革不过是一种幻想。后现代文化政治对文化的专宠与激进政治的理想是背道而驰的。文化政治似乎是没有其他政治可选时候的一个选择。随着全球反资本主义斗争的开启,文化左派必须审时度势,科学地分析自己的处境,操练起搁置已久的政治语言和斗争武器。

伊格尔顿认为,在全球最大的资本主义国家美国,文化左派(住在野兽的肚子里)更是疏于马克思主义话语。美国的反理论倾向特别严重。伊格尔顿捍卫马克思主义,同时也捍卫马克思主义的当代载体——激进文化理论。针对以理查德·罗蒂(Richard McKay Rorty)和斯坦利·费什(Stanley Fish)为代表的反理论家,他痛批他们代表了中世纪唯信论异端邪说的现代版本。伊格尔顿高度重视理论,认为对理论的反思也必然是理论的一部分。理论从繁荣时期进入了静默期,这些改变了我们的观点和思维方式的"理论"并不会终结,而会以另一种方式持续对我们产生影响。与后现代主义单一的思维方式不同,马克思主义强调辩证思维,能看到带来统治的条件也能够带来解放。马克思主义对于当今世界局势具有高度的相关性。文化理论必须脱离美国消费资本主义的全球控制,守护住马克思主义的阵地。

"伊格尔顿在《理论之后》中最主要的主张是,我们并不是处在一个理论不再相关的时代,而是知识分子有责任回收理论的阵地,为了对抗当前世界经济体系的残酷。"❶ 伊格尔顿指出,对于理论家来说,理论首先是一个政治问题而不是学术问题。在1965年之后的15年理论的黄金年代,文化理论就是学生运动对人文学科与资本主义沆瀣一气提出的挑战和人文学科停下脚步进行批判性自我反省的成果。20世纪70年代末,马克思主义衰落,部分是全球资本主义危机的结果,部分是种种新批评对马克思主义批评的结果。与马克思主义相关联的政治活动因总体化的倾向而被后现代主义抛弃。对于命运困境的解决已经被困境本身所取代。"当今已经几乎不可能区分唯心主义与唯物主义理论,因为文化理论几乎完全用语言来进行讨论,区分理论的是对'语言'的立场而不是对'劳动'的态度。"❷ 但是"最终并不是语言、身份和肤色的问题,而是商品价格、原材料、劳动力市场、军事联盟和政治力量,塑造了贫穷和富裕的民族之间的关系"❸。史蒂芬·图米诺(Stephen Tumino)在《现代之后的文化理论》(*Cultural Theory After the Contemporary*)中表达了类似的观点,即当前文化理论以"一切皆文化"的正统使经典马克思主义经济基础和上层建筑之间的区分难以为继。文化理论以与经济相分离的文化的内在性为焦点,最终会使文化彻底与它一直卷入的劳动关系和冲突分离,无法面对新的正在出现的复杂的全球阶级动态。

"文化像人类一样总是希望压抑自己不光彩的出身,幻想自己完全是从肋骨产生的。唯物主义批评就是要试图去掉这种俄狄浦斯式的幻想,提醒文化其罪恶的出身。具体采取什么方法、理论、手段和技巧来达到这种目的则完全是

---

❶ Jordan Camp, T. A. W., Jeffrey R. Gunn, David Dominguez. Four Views on "After Theory" [J]. Humboldt Journal of Social Relations, 2004, 28(2): 148-171, 153.

❷ Tumino S. Cultural Theory After the Contemporary [M]. New York: Palgrave Macmillan, 2011: 119.

❸ Eagleton T. The Illusions of Postmodernism [M]. Hoboken: Wiley, 1996: 215.

第四章 "理论之后"的理论

其次的。"❶伊格尔顿在"理论之后"近 20 年来的理论探索完全印证了他的主张,他始终坚持解放理论的立场,以马克思主义的世界观和方法论来进行自我反思,不懈地揭露后资本主义社会的种种矛盾和弊端。从批判后现代主义、矫正文化左派的偏激和离题,到走向神学和伦理,对文化进行彻底的祛魅。图米诺指出伊格尔顿:

> 把理论定义为一种自身目的的方式不过是不加区分地接受一种高度物化的现实概念。与实际存在的真实世界相比,思想被认为是存在于自身的,改变只是存在思想层面,自然被认为是一种不可转化的、不可置疑的基准。这种理论的理论不是反资本主义的,资本主义实际上需要这种理论。其中,人与人之间的关系恰似确定物之间的关系。培养这种物化的以自身为目的的、文化的人类活动概念来对抗世界的确定性,不过是促进了物化的过程,加强了资本主义统治的必要性。❷

图米诺没有认识到伊格尔顿理论反思的目的,即一种对于境况的有效解决方式可以有无数种,但是哪一种是真正有效的,只有未来的自己才能够解答。这种不确定性对应的并不是一种理论,而是无数种理论、无数种可能。伊格尔顿认为后现代主义思想家如果要想取得真正的突破,应该对多元性和多样性持更加多元和多样的态度。这种理论反思带来的是"共识和团结",致力于构造共同理想和信念,从而引发革命到来的可能性。

总体上,伊格尔顿认为文化理论家在某些方面已经超越了过去的理论家,对理论进行了发展、增加、批判和应用。实际上,伊格尔顿为文化理论做了大量的辩护。但是新的一代仍然在利用过去,并没有提出可以与理论相

---

❶ Eagleton T. The Significance of Theory [M]. Oxford Cambridge, Mass., USA: Blackwell, 1990: 33.
❷ Tumino S. Cultural Theory After the Contemporary [M]. New York: Palgrave Macmillan, 2011: 115-116.

媲美的一套理论体系，文化理论继承了西方马克思主义的学术性和政治上的无力感。当前，孕育文化理论的政治条件已经不复存在，但是文化理论仍然在延续，它所抓住的"文化"这个救命的稻草已经成为阻碍文化理论前进的桎梏。

伊格尔顿将希望寄托在 21 世纪，相信新的时代一定会孕育出理论大师。新的时代必须思考新的归属形式、新的关系。当前，我们仍然在利用的历史已经不能适应新的时代需求。在新的理论大师产生之前，文化理论不能在原地兜圈子，必须沿着理论之路继续前行。在反恐战争和反资本主义运动即将到来的形势下，理论并不意味着标新立异，理论是对现状的具体分析。从某种意义上来说，伊格尔顿基于当前后现代主义种种弊端所进行的思辨本身就是理论产生的过程，是身体力行地拓展文化理论的空间的表现。

> 同时成为领导者和叛逆者是一个很好的技巧。撒切尔夫人处理得很出色，说话的口气好像她是政府的持不同政见者，实际上她是政府的首脑。……特里·伊格尔顿总是做一些类似的事情，一个对社会不满的知识分子局外人，而他曾经是这个国家的"顶级"文学教授。❶

在《理论之后》发表后，约翰·穆兰（John Mullan）在《卫报》（*The Guardian*）上的评论文章中如此调侃。穆兰认为伊格尔顿所灌输的哲学思想中，有一些真正严肃的东西。

"后理论"迟来地反映了近来人文学科理论界的伦理学转向：在学院里，朱迪思·巴特勒（Judith butler）、斯拉夫·齐泽克、雅克·德里达和其

---

❶ Mullan J. What Terry did next [EB/OL].（2003-11-29）[2023-08-22]. https://www.theguardian.com/books/2003/nov/29/highereducation.news.

他杰出人物，多年来一直致力将后结构主义思想的概念严谨性带到对人类对正义的永恒关注上，使之成为一种新的观念。这一转向发生在"9·11"之前。可以理解的是，现在又增加了新的紧迫性。伊格尔顿一直致力社会公正、历史变革和全球危机的问题。他似乎特别适合着手协调道德和政治的项目。[1]

伊格尔顿对自己这种所谓的"锋芒"不屑一顾。21世纪，他所希望的是西方资本主义制度能再次成为话题的中心。这一次，谈论的不再是它的"永恒"，而是它的"结束"。伊格尔顿坚持正统的马克思主义，然而并没有对之进行系统的当代理论建构。他提出的补救措施、对理论的导向没有一项是全新的。作为应对后现代全球化危机一种选择，他主要重述了马克思主义关于阶级斗争重要性，文化不是意识形态全部，以及宏大叙事、团结和共识等基本主张。这种对理论的"清场"是伊格尔顿善于和热衷的，主要作用更多在于思想层面上的溯源和肃清。与同时代的西方激进思想家一样，他的目的仍在于开辟一个新的可能性前景。他这种做法值得我们思考，有效性值得我们拭目以待。

第二节 具有激进政治意义的神学话语

21世纪，在"9·11"事件的震撼之下，面对西方世界对此的逃避和推卸责任的态度和立场，伊格尔顿以左派所不愿意触及的话题开始了对资本主义的全面反击。他认为，当前时期，反恐战争与反资本主义战争同时打响，左派对基础问题避而不谈，给了右派继续掩盖事实的机会。激进左派必须利用一切可

---

[1] Mullan J. What Terry did next [EB/OL]. (2003-11-29) [2023-08-22]. https://www.theguardian.com/books/2003/nov/29/highereducation.news.

以利用的资源，了解当下的形势，面对现实，找到革命的有效武器。在《理论之后》中，伊格尔顿提议转向亚里士多德的伦理学及宗教。

伊格尔顿从亚里士多德对人、德性的论述角度入手，阐释文化理论的革命性问题：

> 亚里士多德认为，作为一个人，必须经过经常的练习才能臻至完美。❶对亚里士多德来说，做人是一个技术事件，与爱对于托马斯·阿奎那，欲望对于西格蒙·弗洛伊德，死亡对于殡葬师一样。在艺术中，很难将"人"与"技术"区分开来。❷

对亚里士多德来说，"做得好本身就是回报……虽然德性可能会带来不幸，但是它是自我实现的一个来源"❸。伊格尔顿把亚里士多德提出的"过有德性的生活为做人最好的方式"这一观点，放置在资本主义自由主义价值观的对立面，照亮了资本主义否定人的本性的实质。与亚里士多德相类似，基督教也珍视人的自我实现，但是不是德性而是过一种慈善或爱的生活。"它意味着我们成为彼此自我实现的契机。只有通过成为你的自我实现方式，我才能实现我的自我实现，反之亦然。"❹与亚里士多德德性的生活相比，犹太基督教提出了互惠性，就是在这一点上，与社会主义站在了同一个阵营。而正是因为互惠性，社会主义才成为值得追求的政治理想。"判断社会主义比自由主义优越的一个原因就在于，人类是政治动物这一信仰不仅要考虑每个人自我实现的需要，而还在于事实上只有借助彼此才能实现最深层次的自我实现。"❺

---

❶ Eagleton T. After Theory [M]. New York : Basic Books, 2003 : 6.

❷ Ibid. 78.

❸ Ibid. 116，117.

❹ Ibid. 122.

❺ Ibid. 123.

第四章 "理论之后"的理论

伊格尔顿由此鲜明地转向了世俗的政治语言——宗教,并且指出早在文化成为中心之前,宗教就已经是精神的栖息所,"宗教做了所有文化后来做的事情,并且做得要有效得多"❶:

> 宗教将宇宙规则灌输到个体的内在深处,通过良心这种官能、信仰这样最牢固的纽带将人们与知识分子、单纯的信众和神职人员紧密结合在一起。宗教所创造的共同目的感是任何小众文化所不及的。末世论——宗教所描绘的最巨型的论述,可以交织艺术、仪式、政治学、伦理学、神话学、形而上学与日常生活,并给予这个庞大的体系一种至高权威的认可。❷

与文化区分规范性和描述性分割了价值和事实不同,宗教体现了价值和事实的统一。"宗教,与之相比,就是同时处于两种意义上的文化。"❸

神学中蕴含着大量具有政治启发意义的概念,如死亡、悲剧、牺牲和非存在等。这些概念并不仅表现为阴郁和绝望,相反还代表着新生、转变和革命。对于这些问题,左派和右派都避而不谈,表现了人性中惯常的偏见和无知。人们对待神学话题的态度,也是当今对待社会主义的态度。文化左派需要对此进行一番自查自省,并依此推导出到底是什么在阻碍其事业。基督教神学象征着更新和改造,马克思主义也是关于历史变革的理论和实践。两者在革命实践上具有共同的旨归。借助神学的激进概念,伊格尔顿试图揭开当前左派思想陷入僵局的症结所在。

以下以伊格尔顿《神圣的恐怖》(*Holy Terror*)、《理性、信仰和上帝的论争》

---

❶ Eagleton T. After Theory [M]. New York: Basic Books, 2003: 98.
❷ Ibid. 99.
❸ Ibid. 100.

(*Reason, Faith and the God Debate*)、《论邪恶》(*On Evil*)、《文化与上帝之死》(*Culture and the Death of God*)、《激进的牺牲》(*Radical Sacrifice*)等文本为依据，分析伊格尔顿所运用的重要神学概念及其对于激进政治的重要启示意义。

一、神学概念的自发性

伊格尔顿从神学与科学的辩证关系的角度对神学进行了辩护。遵循阿奎那的神学传统，神学与科学可以并行不悖。神学与科学的共同之处并不在世界的起源，而在创造性的想象，只不过不同于科学在事实中建立依据，神学是在圣灵中找到了灵感。

2006年理查德·道金斯（Richard Dawkins）[1]在《上帝错觉》(*The God Delusion*)中从动物学家的角度研究人类宗教的产生，包括宗教对现代世界的意义及宗教所起的蒙蔽作用。在他看来，上帝是人们认识世界的一种假说，跟任何科学的假说一样，需要用怀疑的眼光来审视。伊格尔顿批驳了道金斯对宗教的观点，指出阿奎那的上帝并不是一个造物主的形象，也不是一个关于世界是如何起源的假说。对于阿奎那来说，世界也许根本就没有起源。道金斯和希金斯（Christopher Higgins）等所谓的无神论者犯了范畴错误，将上帝与科学相对立，认为世界非黑即白，对上帝的信仰就意味着对科学的背叛。事实上，基督教神学中上帝并不是一个超级造物者，而是一个爱的化身。上帝是事物存在的原因，而不是事物出现的原因。因此，上帝并不与科学相悖，甚至还可以被视作科学性的体现。

上帝是一个艺术家和美学家，上帝创造万物并不是出于某种目的，恰恰相

---

[1] 理查德·道金斯（Richard Dawkins, 1941—），英国皇家科学院院士，牛津大学教授，著名科普作家，动物学家，是最著名、最直言不讳的无神论者和进化论的拥护者之一，有"达尔文的罗威纳犬"（Darwin's Rottweiler）之称。

第四章 "理论之后"的理论

反，是出于"一无目的性，完全因为爱，作为一种礼物、馈赠和大方的行为"❶。这种无目的性就在于提醒我们世界的偶然性。"世界因此属于一个特别稀少的种类，以一种会使奥斯卡·王尔德开心的方式，完全因为存在而存在，没有任何令人厌倦的功用目的。其同类有上帝，还包括艺术、邪恶和人类等。"❷ 上帝的"馈赠行为"，具有极大的政治启发意义，其中最重要的意义就在于它使我们认识到世界并不是某种先验过程的必然结果。世界的因果链是这个世界的一部分，而非起源。因此，我们需要在实际运行的世界中寻找法则，而不是反其道而为之。因此，伊格尔顿的上帝观建立在现实生活的基础上，并不是源自天国的召唤。受阿奎那式上帝的启示，但是与阿奎那从生活经验中证实上帝并不同，伊格尔顿不信仰上帝，并不认为上帝是一个实体。他关注的是上帝作为概念的政治价值。上帝的存在、其自发目的性是"对工具理性的永恒批判"❸。而人与上帝一样是自发目的一种存在。革命的目的就在于实现或者恢复人的存在本身。

上帝的代言人耶稣，以一个异端者的形象出现，形成了对这个世界最大的反讽，以极端形象昭示着另一种生活的可能性。

> 与大多负责任的美国人不同，耶稣无所事事，据称是一个贪吃者和酒鬼，一个无家可归、一无所有的单身汉。他四处流浪，处于社会边缘，被同胞们嘲笑，没有营生，与流放者为伍，不担心自身安全，不在乎纯洁律法，批判传统权威，是当权者的眼中钉，是有钱有势者的祸害和贫苦人的代表。❹

---

❶ Eagleton T. Reason, Faith, & Revolution : Reflections on the God Debate [M]. New Haven : Yale University Press, 2009 : 8.
❷ Ibid. 9.
❸ Ibid.10.
❹ Ibid.10.

耶稣展现的正是去掉了功用附加值的、自由的人的形象，也就是革命者的形象。他以自身存在来提醒世人世界末日就要到来，并以身体和鲜血警示这一末日不可挽救，必须通过死亡的通道才能得到救赎。

这是一个如何生活得更丰富和愉悦的问题，为了自我而享受自我的能力和力量。这种自我快乐的能量，完全没有目的或功能。无须接受历史、义务、心灵、生产、功用或目的论等严肃法庭的辩护。……耶稣所宣扬的道德是不顾后果的、放纵的、无远见的、言过其实的，是保险计算员的丑闻和房地产代理人的绊脚石：原谅你的敌人，送出你的大衣和斗篷，给上另一边脸，爱那些侮辱你的人，走更远的路，不去想明天。❶

耶稣所昭示的生活使其死亡具有悲剧的色彩，死亡成为上帝之爱的一种表达，喻示着只有经历了死亡与再生，才能改变我们悲惨的处境。罗兰·波尔认为，伊格尔顿以耶稣基督为中心的论说"不仅是对自我牺牲的充分替代……而且是一次伊格尔顿过去为圣餐价值辩护的纯粹爆炸。唯一缺少的是关于神父可能成为列宁主义先锋的老论点"❷。实际上并不完全如此，与20世纪60年代对圣餐的大讨论不同，21世纪伊格尔顿所论述的耶稣之死不仅是关于圣餐所体现的身体和精神上的认同，更重要的是一个彻底自我转变的、革命的隐喻，并不需要圣餐礼仪就可以深入人的思想、感觉和经验之中。"耶稣的死亡和降入地狱是一场进入疯狂、恐怖、荒谬和自我剥夺之旅，因为只有一个切割如此之深的革命才能与我们凄惨的处境相称。"❸

---

❶ Eagleton T. Reason, Faith, & Revolution: Reflections on the God Debate [M]. New Haven: Yale University Press, 2009: 14.

❷ Boer R.The Ethical Failure of Terry Eagleton [EB/OL].（2010-09-22）[2023-05-18]. https://mronline.org/2010/09/22/the-ethical-failure-of-terry-eagleton/.

❸ Eagleton T. Reason, Faith, & Revolution: Reflections on the God Debate [M]. New Haven: Yale University Press, 2009: 23.

第四章 "理论之后"的理论

从笃定的天主教左派到坚定的马克思主义者，伊格尔顿经历了漫长的思想裂变。同任何一个无神论者一样，他认同宗教是最黑暗和可怕的唯心主义意识形态。但是受多明我会传统的影响，特别是神学家麦凯布的影响，伊格尔顿乐于对宗教进行哲学思辨，珍视宗教现实主义和激进的一面，拒绝任何对宗教采取回避的态度。虽然伊格尔顿过去与现在采取同样的话语，但是他力图达成不同的效果。如果说 20 世纪 60 年代伊格尔顿是在试图用马克思主义来阐释宗教，实现宗教改造世界的愿景，那么 21 世纪他则是在用宗教来为马克思主义证言，试图深化激进左派坚持社会主义革命的信心和决断。

伊格尔顿重新阐释宗教，特别是强化上帝和耶稣的自成目的性和无私之爱，部分出于反对当前美国对宗教的利用，即通过树立上帝的偶像崇拜来掩盖自身剥削的本质。上帝和耶稣是慷慨的，无国家和民族的概念。上帝之爱面向全体人类，而非某个疆域。伊格尔顿也反对区分物质解放和精神解放，社会主义革命是物质的也是精神的，如同为天国而战是精神的也是物质的一样，社会主义革命的意义在于它的必然性。对于 20 世纪 60 年代天主教左派的经历，伊格尔顿并不想在政治和思想的层面上给予否定。天主教左派政治是在没有更多政治选择下的选择，对其后来的思想和创作具有很大的影响。21 世纪伊格尔顿重视社会主义革命迫在眉睫的现实处境问题，如果当前激进左派继续沉溺在资本主义营造的历史终结的谎言里，革命的可能性就会越来越小。伊格尔顿自诩为一个预言者，他以耶稣之死传达不破不立的革命精神，对激进左派政治意识的回归与强化具有建设意义。

二、神学概念的双面性

"9·11"事件爆发后，同许多左派批评家一样，伊格尔顿忽然回归宗教。面对全球政治斗争的新形势，伊格尔顿的讨论重点针对宗教对现实的认识，以及对宗教政治隐喻的思考，其激进政治理论和实践达到了第二个高潮。《神圣的恐怖》是继《甜蜜的暴力：悲剧的观念》中对悲剧的政治性探索之后，对恐怖的形而上学阐释。通过采用惯用的词源学的研究方法，伊格尔顿对恐怖的概念进行了追根溯源。当前，很多后现代主义者除了主要从恐怖电影中获得对恐怖的认识外，对恐怖并没有更多的概念，直到恐怖事件降临。而现实生活中的恐怖和恐怖主义并不是历来就有的。伊格尔顿将现代意义的恐怖主义和恐怖主义者的概念起源归于18世纪，"作为一个政治概念，它最初伴随法国大革命而出现。也就是说，恐怖主义和现代民主国家从出生就交织在一起"❶。但是更广义上的恐怖概念与人类历史发展紧密相关，更是与宗教密不可分。"甚至在更专门化的意义上，恐怖主义可以回溯到前现代社会，因为正是那时'神圣'的概念诞生。恐怖的观念难以置信地紧密地与这个模棱两可的概念相关联。"❷ 神圣和恐怖本身就具有生和死两种力量，恐怖因此是一个宗教概念，具有双面性。"然而如果没有同时把握恐怖概念的双面性就不能充分理解这个概念。恐怖从一个宗教观念而起始，确实如同今天的恐怖主义，宗教全部关乎既迷狂又湮灭的深层矛盾力量。"❸

恐怖与宗教相连，但是并不仅如此。伊格尔顿谴责美国将恐怖主义断言为邪恶宗教行为的做法，认为"西方社会越用违法性作为恐怖主义的答复，就越消耗自己要保护的精神和政治资源。从这个意义上说，胜利变成失败，因为军事胜利颠覆道德上的失败。对于恐怖主义者来说也是如此"❹。伊格尔顿视酒神（Dionysus）❺为最古老的恐怖主义者，从他身上揭示恐怖的双重性。酒神是

---

❶ Eagleton T. Holy Terror [M]. Oxford, New York：Oxford University Press, 2005：1.

❷ Ibid. 2.

❸ Ibid.

❹ Ibid. 50.

❺ 注：酒神（Dionysus）：狄俄尼索斯，希腊神话中的酒、丰产和植物神，以狂欢仪式来信奉，同时也是狂喜授予者、戏剧之神。

第四章 "理论之后"的理论

异教时期神圣恐怖的代表,既破坏又创造。它赞美生命、热爱运动,富有癫狂的情绪和灵感,肯定本能、好冒险、富有追求和探索精神。酒神意味着本能的全部释放,是动物性和神性的同时体现。酒神的恐怖就在于对个性化原则的毁灭,而同时在这种毁灭之中又感到极度的喜悦,甚至沉醉。"酒神半兽性半神性,在这个层面上,是纯粹的人的形象——一个矛盾的、总是或多或少不是自己的生物,或者缺少或者过度。"[1]酒神见证了人类文明的产生过程,同时也见证了人类脱离自然、脱离集体的过程,是蜕变和新生的化身。酒神的恐怖正是人类发展中阴暗一面的集中表现。"在人们的宗教及其实际生活方式之间有一个补偿关系,否则宗教就根本没有意义了。"[2]

到了中世纪,上帝则成为神圣恐怖的主要例证。上帝无条件地爱着人类,但同时又对那些堕落之人处以愤怒的烈火。

> 如果上帝的爱本身就是一种伤害性的、破坏性的需求,它就具有了律法的力量,爱和律法之间的对立也就这样被拆解了。"皈依"意味着认识到可怕的现实界存在于自我的核心,使我们成为自我的深不可测的陌生感,最终并不是不友善的。[3]

上帝以自身的形象创造了人,人类也因此分享了上帝的无目的性的、完全自我愉悦的、自我决定的存在。对上帝的信念使我们获得了真正的自由,而背弃上帝则使我们万劫不复。"既然限制造就了我们,那么绝对自由的概念必然是恐怖的。……这种自由是一种绝对的拒绝,因而在它的空缺中预见到死亡的绝对否定性。"[4]

---

[1] Eagleton T. Holy Terror [M]. Oxford:Oxford University Press,2005:4.
[2] 荣格. 心理学与文学 [M]. 南京:译林出版社,2014:196.
[3] Eagleton T. Holy Terror [M]. Oxford:Oxford University Press,2005:28.
[4] Ibid. 71.

印度学者罗斯顿·巴茹恰（Rustom Bharucha）认为，伊格尔顿把恐怖视为宗教的这个假定前提是错误的，既没有给出有力的证据，也没有足够的概念支撑。"更准确的表述应该是恐怖是宗教的表现形式之一。在我们的时代，恐怖主义不应该等同于恐怖这个宗教概念。"❶ 然而，将神圣和恐怖置于同一个源头，同时化繁为简地将恐怖直接与宗教相连，伊格尔顿的目的并不是将这两个概念等同，而是在于突出"神圣的恐怖"。伊格尔顿认为恐怖主义同样是包含暴力和道德理想主义，"从这个意义上说，这是对它所反对的生命形式的一种可怕的模仿"❷。借用宗教话语，他认为恐怖的两面，分别引向两种自由：一种是死亡驱动力所主导的邪恶的自由；另一种是替罪羊式的悲剧的自由。而后者是具有治疗意义的神圣恐怖之所在。对恐怖的分析必须基于对这两种不同走向结果的客观认识。伊格尔顿认为，神圣的恐怖有两种自由不同的表现，特别是邪恶的自由是魔鬼式的、自成目的的、没有原因的。资本主义极力用"恐怖"的字眼遮盖恐怖主义产生的历史和社会现实。因此，当今的恐怖主义不同于"神圣的恐怖"，也不同于自由主义者口中的"邪恶"。"的确，人们有时会夸张地使用'邪恶'一词，作为对震惊反应的发泄；这是可以理解的，但并不准确。不管怎样，这是一个指针，指向它的焦点用途，标志着什么超出了道德可想象的限度。这是这个概念的中心特征。"❸

巴茹恰（Rustom Bharucha）不赞成对恐怖进行历史和现实连续性的探讨，而是针对恐怖当今的表现，强调历史和现实的断裂。伊格尔顿坚持在恐怖和宗教的历史和现实连续性中追本溯源，探究恐怖的两面性。伊格尔顿指出，资本主义社会是理想主义和愤世嫉俗、天使主义和恶魔主义的非凡结合体。最明显

---

❶ Bharucha R. Terror and Performance [M]. Milton Park, Abingdon, Oxon, New York, NY： Routledge, 2014：13.

❷ Eagleton T. Holy Terror [M]. Oxford：Oxford University Press, 2005：76.

❸ Grayling A. Book Review：On Evil by Terry Eagleton [EB/OL]. (2010-05-14) [2023-05-18]. https：//newhumanist. org.uk/articles/2290/book-review-on-evil-by-terry-eagleton.

的例子就是美国有高尚的宗教热情和卑鄙的物质私利。恐怖主义也包含着同样的理想主义和愤世嫉俗。"只有刺穿伪造的相似外表，才能见到相异的现实。"❶ 虽然出发点不同，但是伊格尔顿和巴茹恰在对恐怖主义的认识上是一致的，即恐怖并不一定是恐怖主义的，即使巴茹恰认为伊格尔顿对恐怖主义的分析始终是"英国的"。

在论述恐怖时，邪恶的问题走到前台。伊格尔顿超越了邪恶的日常用法，对邪恶的概念进行形而上化，特别强调了非理性邪恶中理性的一面，即非理性邪恶是有自己的意图的。莫顿（Adam Morton）指出："邪恶是关于仇恨、遣散和不解的词汇。我们把一些行为和人称作是邪恶的，但我们无法把它们归类到正常的道德和阐释框架中。……通过这样的行为，我们向世界发出心中恐惧的信号。"❷ 而伊格尔顿给予了邪恶心理上和道德上的解释，分析了邪恶行为背后的动因。

根据阿奎那的说法，并没有完全邪恶的存在，因为存在本身是善的。地狱的作用是为了消除邪恶，而不是惩罚邪恶。真正的邪恶就成了一个问题，一个进退两难的困境。伊格尔顿指出。历史上两个"9·11"事件：一个是2001年9月11日在美国纽约世贸大厦的恐怖主义袭击；另一个是1973年9月11日发生的"智利政变"。在美国主导下，智利民主选举的政权被推翻，独裁者皮诺切特（Pinochet）上台。"这两个场合下所发生的事情是一种道德败坏和恶劣，但是在技术层面，却不是邪恶。"❸ 因此，首先必须区分"邪恶的"和"恶劣的、不道德的"。

---

❶ Bharucha R. Terror and Performance [M]. New York：Routledge，2014：13.

❷ Morton A. On Evil：Thinking in Action [M]. UK：Routledge，2004：4.

❸ Eagleton T. An Era In Ideas [EB/OL]. （2011-08-31）[2023-05-18]：Evil, from https：//www.chronicle.com/article/An-Era-In-Ideas-Evil/128501.

出于政治目的去毁掉无辜的人民是道德恶劣的，就像基地组织对纽约那日的所为，以及美国对越南、柬埔寨、阿富汗、伊拉克和世界其他无数地区的所作所为。一种行为要成为邪恶，意味着那种毁灭必须是仅仅出自乐意，而不是为了某种功能目的。邪恶是对人类生活意义和价值的猛烈攻击，它对湮灭有狂野的快乐，即使对它来说毫无意义。❶

当今恐怖主义者实施的恐怖行为是为了打击以美国为代表的资产阶级自由主义者。自由主义者用邪恶一词对他们一概而论的做法，掩盖了其背后的政治诉求，以及这种政治诉求产生的历史根源。一言以蔽之，自由主义者抹去了自己曾经对这些地区人民犯下的恶劣行径并掩盖了面对恐怖主义时的无所作为。因此，即使是"邪恶的"，也是可以阐释的。一个人如果脱离了所有的条件，根本就无法有目的地行动。

出于某种原因行动，需要积极阐释诉诸我们身上的力量，而不是让这些力量把我们像斯诺克台球一样打来打去。而且，这种阐释包含一定程度的自由。描述你的敌人是疯了还是由于兽性驱使是不值得建议的，因为从道德上说，这会让他脱身。你必须决定你是否要把他视为邪恶还是疯了。❷

自由主义非常擅长认为敌人是邪恶的和非理性的，借以逃避斗争责任。因为如果敌人真的是形而上学邪恶的，的确很难将其打败。

但是在超越所有历史解释的意义上，没有任何原因认为邪恶确实是形

---

❶ Eagleton T. An Era In Ideas [EB/OL].（2011-08-31）[2023-05-18]：Evil, from https：//www.chronicle.com/article/An-Era-In-Ideas-Evil/128501.

❷ Eagleton T. Evil, Terror and Anarchy [J]. Salmagundi, 2005（148/149）：232-242.

第四章 "理论之后"的理论

而上学的。一种行为可以既是邪恶的又是可以历史性解释说明的。自由派想得很好，但却错误地没有认识到这一点。他们拒绝邪恶，因为它有一种可怕的、煽动的感觉：它听上去对坏的行为的描述，好像想要妖魔化犯法者。❶

伊格尔顿认为，邪恶的作用除了在于阐释行为外，更在于它强化了道德和形而上恶的行为的区别。邪恶不仅不意味着没有历史阐释空间，而且恰恰是强化了这种阐释空间。因此，对待邪恶的阐释可以成为对各种"邪恶"行为，以及对这些行为的态度和做法进行分析和判断的重要衡量指标。自由主义和恐怖主义一样，有特定的政治目的。按照形而上的邪恶定义，它们并不是自成目的，但是它们对自身前景的贪婪，"通常在那种权力中有一种对自身目的自我愉悦的、自虐式的多余和过度的恶意"❷。这种发自欲望的"意志"对抗着自身的非存在，反过来正是恐怖主义的表现，吸引了其他恐怖主义以"恐怖"和"邪恶"来颠覆。

从宗教的视角思考邪恶，将当前的所谓恐怖、邪恶行为对号入座，伊格尔顿发出引导神圣恐怖正面之力的呼声，即强调宗教中替罪羊的概念，揭示牺牲精神的重要性。在前现代时期，牺牲是未来进步的必要保证；而现代性认为自我剥夺是自我实现的敌人，无法接受牺牲的观念；后现代同样怀疑牺牲精神。现代主义者和后现代主义者没有意识到牺牲是自我实现的前提。牺牲字面的意思意味着使神圣的、牺牲仪式包含将谦卑的、一文不值的生命转化成特殊和有影响的存在。这种从一种状况向另一种状况的转变，必须经过死亡和消解的通道。牺牲的概念与翻天覆地的变革相关联，并不与渐进式的革命为伍。它是关于穷人如何从屈辱走向权力的过程，因此具有悲剧的内涵。但是牺牲的悲剧性

---

❶ Eagleton T. Evil, Terror and Anarchy [J]. Salmagundi, 2005（148/149）: 234.

❷ Eagleton T. Holy Terror [M]. Oxford : Oxford University Press, 2005 : 132.

不仅如此，还在于它是历史的产物，在未来的理想社会不会有自我牺牲存在的空间。牺牲的必要性表明了人们的境况如何悲惨、形势如何危急，以至于需要耶稣式神性放弃来拯救。

牺牲者通常以可怕的、身体残破的替罪羊形象出现。古希腊每年一度的塔尔戈里亚节（Thargelia）❶，穷苦、丑陋的替罪羊被驱逐出城邦，或者被石头砸死、被烧死或被推下山崖。替罪羊所承受的越多，城邦净化的程度越高，就可以再次继续"纯洁"地生活。替罪羊因此既是受诅咒的又是神圣的，用身体换来城邦的福祉。在这种情形中，替罪羊成为城邦居民的隐喻。伊格尔顿从转喻视角解读替罪羊，赋予了替罪羊概念以扩大内涵。替罪羊不仅可以视作人民的替代，更可以视为人民的代表。城邦在替罪羊身上看到了自身的变形，认识到自身的双重性，将替罪羊驱逐出城实际上就是破除自身的堕落，重塑社会秩序。"在替罪羊这种奇怪的顺势疗法中，毒药变成了解药。"❷

替罪羊表现了一种独特的交换方式，即它的罪恶越重，集体的净化程度就越高。因此，它展现了以小博大、此消彼长的希望。替罪羊为了集体成为罪人，但是它本身并没有罪，它的存在是典型的非存在。这种非存在对于集体具有非同寻常的意义。它见证了集体中负面的团结和一致，代表了以互惠为核心的合作方式，与后现代的个人主义和杂糅式拼贴形成了鲜明的对比。同时，它也与自由主义者贪婪的自我意志形成对立。自由主义者试图以个人意志超越非存在，替罪羊则以非存在来消解非存在，表现自我意志"自由"之善的一面。

伊格尔顿推崇替罪羊式的牺牲，认为马克思把替罪羊视为革命的动因。他引用马克思关于"无阶级的阶级"的预言作为替罪羊激进性的证明。

---

❶ 塔尔格利亚节（Thargelia）：在塔尔格里昂月的第六或第七天（五、六月）举行的纪念阿波罗（Apollo）和阿尔忒弥斯（Anemis）的节日，这既是一个植树节，也是一个对集体罪行的仪式性补偿。

❷ Eagleton T. Holy Terror [M]. Oxford : Oxford University Press, 2005 : 132.

第四章 "理论之后"的理论

一个被戴上彻底的枷锁的阶级，一个并非市民社会阶级的市民社会阶级，形成一个表明一切等级解体的等级，形成一个由于自己遭受普遍苦难而具有普遍性质的领域。这个领域不要求享有特殊的权利，因为威胁这个领域的不是特殊的不公正，而是普遍的不公正。它不能再求助历史的权利，而只能求助于人的权利。……在于形成一个若不从其他一切社会领域解放出来从而解放其他一切社会领域就不能解放自己的领域。总之，形成这样一个领域，它表明人的完全丧失，并因而只有通过人的完全回复才能回复自己本身。社会解体的这个结果，就是无产阶级这个等级。❶

在伊格尔顿眼中，替罪羊式的牺牲就是激进牺牲的象征。"它遭受的痛苦促使它成为一个动因。只有将它苦难的生命过到极致，才有废除它的希望，在这样做的过程中，它也实现了自我废止。"❷ 革命就是古老牺牲的概念的现代版本。

通过对恐怖的两面性的分析，伊格尔顿彰显了资本主义社会恐怖邪恶的负面现实，并将无产阶级替罪羊式牺牲作为正面的力量，突出其必要性和紧迫性。

三、神学概念的激进性

对于激进左派来说，悲剧是一个现实问题。伊格尔顿将历史和政治性的悲剧概念置于聚光灯下，揭示悲剧的紧迫性和悲剧精神的重要性，认为其可以作为一种变革的思想力量。从这个角度出发，伊格尔顿指出，当前左派像右派一样对悲剧的观念不假思索地给予拒绝，这种抵触实际上是一种图省力的行为。

---

❶ 中共中央编译局. 黑格尔法哲学批判导言 [M]// . 马克思恩格斯选集：第一卷. 北京：人民出版社. 2012：15.

❷ Eagleton T. Radical Sacrifice [M]. New Haven：Yale University Press，2018：181.

当前对悲剧的研究并没有将悲剧与人类生存的处境联系起来，因此就不能正确地解读悲剧所蕴含的激进信息。日常语言中的悲剧，通常被认为是十分悲惨的。悲剧可能确实包含悲惨，但是它绝不仅如此，伊格尔顿的目的是要揭示悲剧对于日常生活的重大意义。"悲剧应对重要历史节点的短兵相接，但是还有苦难根植在我们的存在之中，悲剧还需要关照一下这些更加自然、物质的人性事实。"❶ 悲剧的重要性因此不仅在于它是悲剧的，而且在于对苦难的言说中所传达出的苦难集体的感觉和经验。

  我心中的悲剧与最严重、最致命，同时也与生命传承相关。它们是"当前"的组成部分，也是被健忘症的后现代主义随手所压制的。……悲剧所关注的普遍性的问题不能够被油滑的特殊论所回避。在某种意义上，确实所有悲剧都是特殊的……理论上不能够彼此互换。它们没有共同享有的本质，除了苦难这一事实。但是，苦难是一种可以共享的非常强大的语言，各种不同的生命形式可以在其中建立对话。❷

人类的历史从总体上来说是一部苦难的历史，在面对苦难时，需要持有冷静的现实主义，而不是跨历史主义。激进者反对跨越历史主义，因为它滋生的是政治宿命论。悲剧的作用就是使苦难变得高贵，因为它要以真理为代价给人们启迪。悲剧是对现实的预演，在面对最不幸的事情时，体现出对未来仍然保有的信念和希望，构成了价值的重要的来源。悲剧对于人类不可或缺，人类历史也不可能缺少悲剧。人们总是寄希望于悲剧有朝一日终可避免，这种对未来的希望使悲剧以自身的消解塑造了自身的价值，其激进的一面皆因如此，与向死而生式的耶稣、社会主义激进革命属于同一个阵营。

---

❶ Eagleton T. Sweet Violence : the Idea of the Tragic [M]. Oxford : Blackwell, 2003 : xiii.

❷ Ibid. xvi.

第四章 "理论之后"的理论

悲剧同时并不是苦难的升华，耶稣被钉在十字架上受难而死，他的死亡是真正的悲剧。"倘若他的死亡仅仅是为光荣地死而复生所采取的一种手段，一种以退为进，那么它就不过是一种廉价的魔术技巧。"❶ 耶稣之死是他所面临的绝境，其受难所揭示的是最不幸的状况，而且无可挽回。把受难当作跳板并不能带来真正的希望，人们只有经历绝望和死亡，重新活过，才能实现彻底的变革。基督教和马克思主义都是人类生存境况和其转变的信念。在遭遇最大的不幸中期待着最美好事情的发生，赋予极端痛苦以最大的价值。悲剧的主体——悲剧英雄是这种痛苦的载体，经历着深重的折磨，最终超越自身苦难。悲剧英雄所坚持的人性，亚里士多德将之定义为伦理，它并不一定是精英主义的。伊格尔顿认为"普通的经验也许掺着大量错觉，但仍然能表达真理"❷。悲剧中更多的、更有意义的是平民悲剧，也就是日常生活中的悲剧。

威廉斯在《现代悲剧》(*Modern Tragedy*)中力图证实传统的悲剧观念将悲剧与日常生活相剥离，缩小了悲剧视野，也阻断了悲剧的现实来源，"悲剧观念，以平常形式，特别排除了社会性的悲剧经验，还有革命的观念，再一次以平常的形式，特别排除了悲剧性的社会经验"❸。实际上，悲剧与人类的生存经验直接相关。悲剧或宗教所传达的是人的情感、经验和生活，反映的是一个以苦难所造就的世界。这个世界的面目可能在发生着改变，但是世界的本质并不曾有彻底的变化。苦难始终弥漫在个人生活之中。当前左派历史主义将历史等同于变化。事实上，人类历史上许多东西并没有发生变化，或改变甚微。左派历史主义强调历史主体的不断变化，过去的困扰不再与今日相关，这就陷入了资本主义意识形态逻辑，与社会主义越来越背道而驰。

---

❶ Eagleton T. Sweet Violence：the Idea of the Tragic [M]. Oxford：Blackwell，2003：39.
❷ Ibid.107.
❸ Williams R. Modern Tragedy [M]. California：Stanford University Press，1966：64.

乔治·斯坦纳（George Steiner）认为真正的悲剧是不需要救赎的，悲剧与犹太人的世界观是不相容的。

> 我坚信关于悲剧戏剧任何现实的观点都必定始于浩劫的事实。悲剧以失败结尾。悲剧人物以一种既不能被完全理解，也无法用理性的严谨来克服的力量所摧毁。这一点又是关键的。只要造成灾祸的原因是暂时的，只要矛盾冲突可以通过技术的或社会的手段解决，我们或许就只有严肃的戏剧，而没有悲剧。❶

伊格尔顿强烈反对、抨击斯坦纳的悲剧观，指出斯坦纳将悲剧世界观与悲剧艺术混为一谈，因此认为马克思主义和基督教都不是一种悲剧的信条。左派认为悲剧不再可取，"与斯坦纳式右派一样对希望小心翼翼"❷。斯坦纳对悲剧不抱希望，认为浪漫主义杀死了悲剧，"罪行并不带来惩罚，而是救赎，这就是浪漫主义对待罪恶的态度。这一救赎的神话或许有其社会或精神的价值，但有一点是明确的：这一种关于人类状况的看法是彻底乐观主义的，它无法产生任何自然形式的悲剧"❸。斯坦纳否定悲剧的可救赎性，将悲剧等同于绝对悲观主义，正是因此排除了马克思主义和基督教的关于悲剧的洞见。伊格尔顿则认为，悲剧理论包含虚无主义和胜利主义两个方面，悲剧的悲剧性不可解，但是悲剧主人公不屈的意志使他得以超越自身的命运，获得一种"没有乐观主义的希望的指引"❹。悲剧作为一种现代的、世俗的神义论，与神学一样，应对着世界上的邪恶来证明自身的存在。"如果进化需要自身错误和死路

---

❶ 乔治·斯坦纳. 悲剧之死 [M]. 陈军，昀侠，译. 杭州：浙江工商大学出版社，2018：5.
❷ Eagleton T. Hope Without Optimism [M]. London：University of Virginia Press，2015：40.
❸ 乔治·斯坦纳. 悲剧之死 [M]. 陈军，昀侠，译. 杭州：浙江工商大学出版社，2018：96.
❹ Eagleton T. Trouble with Stranger：A Study of Ethics [M]. Oxford：Blackwell，2009：287.

第四章 "理论之后"的理论

来产生最好的生物体，那么一种神义论就回到了学术日程上，因此很难绕过悲剧。"❶ 悲剧对于现代性来说就是神义论："神义论的悲剧观是伊格尔顿悲剧理论最重要的理论特色，同时也体现了他作为一个马克思主义批评家的伦理追求。"❷

伊格尔顿指出了后形而上学时代悲剧仍然兴盛，主要有四个方面的原因。第一，作为世俗世界中宗教的替代，"在谈到绝对和超越时，它劫持了宗教的光环，却将其声名狼藉的教义内容抛在一边"❸。第二，悲剧试图提出对"现代男男女女在任何地方都是自由的与在任何地方都是受束缚的"❹ 这个悖论的美学解决。"向灾难低头的悲剧英雄不可避免地，以阿莫法蒂（amor fati）❺ 的精神，使他的命运成为自己的选择，在这个行为上揭示一种超越了他悲惨处境的无限自由。没有什么自由比这种高贵的放弃手势更加令人信服的了。"❻ 第三，悲剧是现代形式的神义论，致力于邪恶问题。第四，悲剧服务对现代性位移的批判。"悲剧是对自大理性的批判，就像自由主义主体尝试缔造自己的历史，却因不可解的命运化为乌有。政治希望被揭露为自我欺骗：没有对物质进步盲目的信任可以修补菲罗克忒忒斯（Philoctetes）❼ 的脚，没有任何社会

---

❶ Eagleton T. Sweet Violence：the Idea of the Tragic [M]. Oxford：Blackwell，2003：131.

❷ 段吉方. 文化唯物主义与现代美学问题——20世纪英国马克思主义文学批评理论范式与经验研究 [M]. 广州：中山大学出版社，2017：164.

❸ Eagleton T. Trouble with Stranger：A Study of Ethics [M]. Oxford：Blackwell，2009：286.

❹ Ibid.

❺ Amor fati 是一个拉丁语，意为"热爱生命"。它被用来描述一种态度，人认为生活中发生的一切，包括痛苦和损失，都是好的，或者至少是必要的。因为它们是人的生活和存在的事实之一，所以不管喜欢还是不喜欢它们，它们总是必然存在的。

❻ Eagleton T. Trouble with Stranger：A Study of Ethics [M]. Oxford：Blackwell，2009：286.

❼ 菲罗克忒忒斯（Philoctetes）：希腊第一弓箭手，大力神赫拉克勒斯（Hercules）的朋友，赫拉克勒斯在死后将自己的神弓和箭遗赠与他，他用赫拉克勒斯之弓在特洛伊杀死掳走海伦、掀起战争的特洛伊王子帕里斯（Paris）。他在前往特洛伊的途中，由于在利姆诺斯岛被水蛇咬伤，双脚曾感染恶毒。

工程可以挽回菲德拉（Phaedra）❶的厄运。"❷悲剧不仅没有消亡，而且是这个世界荒谬的证明。

悲剧引发怜悯与恐惧等情感。亚里士多德的净化说提出的是顺势疗法，强调悲剧释放了怜悯和恐惧，人们在这个过程中得到快乐。但是伯格森（Henri Bergson）的移情说认为，真正的怜悯不在于同情苦难，而在于遭受苦难的欲望。这涉及的是怜悯的利己主义还是利他主义。不过，以上两者并非截然对立。在怜悯问题上，休谟（David Hume）表现了一种半利他主义态度。休谟认为，别人的痛苦让我们感到痛苦，却增强了我们自身幸福的观念，并且给予我们快乐。他将之称为"颠倒的怜悯"❸。"怜悯—恐惧"这个公式所昭示的不仅是一种近似"幸灾乐祸"的快乐，还有一种深层次的现实主义。悲剧主人公经历苦难，认识到自身的弱点带来致命的错误，天意不可违，需要付出生命的代价来弥补。读者在悲剧人物的身上看到了自己，在自己错误的预演中得到警示，一方面庆幸一切尚未发生，一方面后怕如果发生同样的错误是多么悲惨。悲剧以摧枯拉朽的力量使人认识到现实的不完美和不稳定。

与上述思想家的悲剧观视角均有所不同，伊格尔顿将悲剧视为对人性的批判和展示。悲剧的功能主要在于促使读者和观众重新认识自我，并反思人类生存处境。悲剧以令人不快的方式诉说着人性之恶，同时表达出这种恶之不可解。悲剧带来的绝不是乐观主义，当然也不是悲观主义，而是冷静现实主义。悲剧是对宗教的人文主义的替代。政治左派对悲剧的回避与对宗教的态度如出一辙。而事实上，这正是将政治上非常富有启发的概念拱手送给他人。悲剧将

---

❶ 菲德拉（Phaedra）：雅典国王忒修斯（Theseus）的妻子，诬陷其继子希波吕托斯（Hippolytus）强奸了她，遭希波吕托斯拒绝后自缢身亡。

❷ Eagleton T. Trouble with Stranger：A Study of Ethics [M]. Oxford：Blackwell，2009：286.

❸ Eagleton T. Sweet Violence：the Idea of the Tragic [M]. Oxford：Blackwell，2003：170.

真相赤裸裸地展示给人看，揭示了面对最惨处境的出路，以绝地而后生的态度实现了自我超越。左派所抛弃的正是其所缺少的深度，也是其所缺少的政治感。伊格尔顿将矛头指向当今最大的资本主义国家美国，他指出："美国有着高尚的自我形象，如果它不是这样的话，它将会在道德上正派得多，一点点怀疑主义和自我揭穿将会对它的精神健康创造奇迹。"❶ 美国用所谓的个人主义、美国梦等虚伪的价值观蒙蔽大众，在乐观主义的谎言下掩盖贫富分化巨大的事实，本质上是一个反悲剧社会。"他们在寻求保护文明的行动中将成为文明的敌人。他们就像悲剧的主人公一样，陷入了某种无法挽回的自我毁灭之中，因为他们的力量证明了他们最残缺的缺陷。"❷

在伊格尔顿看来，美国的固执、自信和自满，导致它正在一步一步地走向颠覆的深渊，而美国社会也将会为之付出政治上的代价。无论如何，人的生物属性的重要性要远远高于人的社会属性的重要性。悲剧讲述了人的生物属性和社会属性之间的冲突，以生物性的毁灭昭示着人类所处形势的紧迫性。悲剧构成团结的纽带，通过遭遇不幸所产生的共同情感和经验将人们联系在一起。悲剧主人公并不一定是悲剧英雄，每一个人都可以是悲剧人物。悲剧告诉人们只有破釜沉舟的变革才能跨越历史的宿命，悲剧因此成为激进革命可能性和必然性的证明。

伊格尔顿没有止步揭露资本主义现实的残酷和虚伪，或号召断头式的革命，而是更进一步，将爱的伦理作为实现社会主义革命政治的手段。伊格尔顿所谓的"爱"总体上是在基督教和亚里士多德传统的关照下，同时深受麦凯布的启发。与自由主义普世的"博爱"相反，"对犹太基督教来说，爱是物质方式的行动，而不是在内心中感受爱的光辉，是照顾病弱和监禁者，而不是对

---

❶ Eagleton T. After Theory [M]. New York: Basic Books, 2003: 226.
❷ Ibid. 227.

他们报以同情"❶。爱不是口号，不是理想，而是实践。爱并不是靠想象来连接彼此的情感，而是依靠团结、共识、互助和互惠。悲剧中人物自身的毁灭是宇宙公正和理性的体现，人物对自由的追求所表现的正是爱的行动力。人对本性的追求本身并无过错，但是自我追求必须遵循爱的律法，即自我成为他人自我实现的契机而不是自我欲望的驱动。只有在悲剧之爱的关照下，悲剧精神才能得以体现出价值。

在伊格尔顿眼中，悲剧因此是结构化的、功能性的，通过逻辑架构，突出主体命运的不可逆，激发观者对悲剧现实的想象性救赎，赋予悲剧主体意义和希望。在他人悲剧的预演中，我们看到自身的影子，跟随悲剧主人公一同走向毁灭之路，经历向死而生从而获得新生。艺术和文化应该处理"人"的问题，而不是"技术"的问题——关于爱、死亡和欲望的问题，这些问题都充分地浸在悲剧之中。伊格尔顿坦陈自己对悲剧的关注，以及悲剧与神学和哲学等的关联。

> 悲剧允许我吐露自己的全部心声。……直到这个时候，我才克服了某种唯物主义的羞怯，可以坦率地谈论某些我关注的形而上学或哲学问题。在这方面，我受到了诸如巴迪欧、阿甘本、齐泽克这些无神论者的巨大鼓舞。……如果他们能够坦率地讨论神学，那么我这个从前教堂里的祭坛侍童又有什么不能谈的呢？❷

站在马克思主义立场，借用神学悲剧观念，伊格尔顿发出对资本主义社会现实的批判。在资本主义文化自大中，不管多么可怕的事情在不时地发生都不

---

❶ Eagleton T. After Theory [M]. New York：Basic Books，2003：146.
❷ 马博特伊. 批评家的任务——与特里·伊格尔顿的对话 [M]. 王杰，贾洁，译. 北京：北京大学出版社，2014：256.

可能有真正的悲剧。美国正处在历史发展中最糟糕的阶段,社会矛盾已不可解,变革已不可避免。悲剧像喜剧一样,依赖对缺陷、拙劣的人的本性的承认。而且在悲剧中,人必须被拖入地狱才能得到这种认识,但人类的自我错觉是如此顽固和顽强,后现代文化仍然在掩盖这个事实。我们不能完全掌握自己的命运,因为我们自身的缺陷,不管美国文化对此多么难以接受,都必须凸显这一现状。悲剧理论政治性必须被推到前台。

四、神学概念的实践性

伊格尔顿对基督教神学激进阐释的重要目的之一,是要传递对激进革命的信仰。信仰作为宗教概念,是对宗教制度的信念和信任,来自对耶稣基督思想和经历的信心。"因为我们无法以合理直接的方式阐释上帝的存在……我们不得不进而忍受一个不如'确定'的词——就是信仰。"❶ 如波尔所指出,基督学是伊格尔顿神学的中心,伊格尔顿试图通过耶稣基督的生平和死亡来构建一个向死而生式的革命模式,并指出这种革命以死亡为通道,意味着对当前生存状态的彻底抛弃。以革命观为前提,伊格尔顿的"基督学"是充满希望并指向未来的。在这种情况下,与社会主义理想一样,对不可见的未来的坚定信仰是革命的重要思想基础。

为了进一步说明这个革命的通道,昭示信仰和希望,伊格尔顿区分了死亡和非存在。伊格尔顿指出,世界和人类存在是基于偶发性,这表明了非存在的客观性。一切都来源于非存在,非存在是我们的基础。现在即永恒,人类如百合花般盛开是自欺欺人的梦想和谎言,人类不可能一直生活在现在。相反,人类是历史的动物,每时每刻都在创造历史,人类的历史因此是叙事史而不是编

---

❶ Eagleton T. Reason, Faith, & Revolution: Reflections on the God Debate [M]. New Haven: Yale University Press, 2009: 111.

年史。非存在的潜在可能性意味着正确地看待这个世界就是要承认世界的偶发性。人类因此要以反讽的方式存在，接受自身存在的无根据性，也就是笼罩在死亡的阴影之下。对待死亡，应该采取的态度是积极的、乐观的。因为生命有限，所以才要更加珍惜生命和充分地生活，而不是对死亡病态迷恋，也不是一直惴惴不安、时刻惊恐。但是另一方面，要意识到死亡的存在，活在死亡的警戒线下，这样才能破除执念，与他人友好，而不是保持敌对，死亡昭示着我们如何生活。

伊格尔顿因此从正反两个方面挖掘了非存在的积极力量，在论述耶稣基督殉难的悲剧时，伊格尔顿对非存在进行了进一步的革命阐释，特别是在建立新的政治秩序上的重要作用。在《旧约》中，"非上帝的耶和华和穷人的非存在紧密相连。实际上，《旧约》是第一部铸造这种关系的历史文件"[1]。穷人在《旧约》中被称为"anawim"，"他们的困境成为政治秩序失败的证明"[2]。"anawim"作为耶和华的宠儿，在当前的政治体制中没有任何根基，是彻底的无产者。他们是未来希望的所在，也就意味着无权者的悲惨现状代表着一种真正的颠覆力量。在《新约》中，耶稣是"anawim"的代表，他的存在是政治秩序最大的危险，他的死亡昭示着革命的必然性和必由之路。"唯一好的上帝是一个死人———个在世界无名角落失败了的政治犯。没有对失败的信仰就没有成功。"[3] 非存在因此成为革命力量的象征，即伊格尔顿所称的用好的非存在概念来替换坏的非存在概念。

> 它代表着那些被关闭在当前制度之外的非存在……成为替代性未来的一个空的能指，这个非存在的数量正在不断扩大。当前政治秩序建立在

---

[1] Eagleton T. After Theory [M]. New York：Basic Books，2003：175.

[2] Ibid.

[3] Ibid.176.

第四章 "理论之后"的理论

对人类剥夺的非存在基础上,我们将要取而代之的政治秩序也是建立在非存在基础上的,却是对人类脆弱和无根据的认知基础。❶

悲剧的意义就在于提醒我们如何在面对非存在时保持自我,虽然这被证明异常困难,但是悲剧使我们知道必须有迎接创伤性遭遇的勇气,否则就不能生存下去。

  只有经历失败才能够成长。没有成功不是孕育在对失败的信仰之中的。我们内心的非存在就是那些阻止我们的梦想和挫败事业的东西。但是它也是我们要为光明的未来所要付出的代价。非存在在这个意义上,成为我们对开放的人性的信仰,因此也是希望的源泉。❷

通过对耶稣基督非存在的阐释,伊格尔顿的信仰和希望与悲剧人文主义的关联得以建立。基督教信仰是述行的,而不是命题。它表达的是一种确定,对未见的事物的信念。信仰与知识和信念的关系是复杂的,人可以有信仰但并不一定有知识。反之亦然,信念可以是理性的但不一定是真的。信仰的存在并不一定必须是可证的,它与科学并不属于同一个范畴。爱是信仰的前提,对上帝的信念使人们追求真理,在对真理的追寻中,信仰的意义得以体现。因此,信仰首先是积极的行动,对他者充分地信任,这样为获得真正的知识做好准备,知识与道德的关系在这里也可见一斑。

同时,信仰是爱的一种形式,只有爱才能实现看清现实处境的目标,去掉任何浪漫的魅惑和凌乱的欲望,使人们能够审时度势,评估自己的现状和未来,认识到这不是世界本来应该的样子,在对现在的摒弃中践行对未来的承诺。

---

❶ Eagleton T. After Theory [M]. New York : Basic Books, 2003 : 221.

❷ Ibid.

信仰不是意志，也不是选择，意志和选择是美国梦所鼓吹的空中楼阁。它是一个恩赐，是那种使你无法走开的信念。是信仰选择了你，而不是你选择了信仰。信仰也不是一种孤独的精神状态，而是一种确信，来自实践的、社区的生活形式——教会的分享。❶

信仰还与团结和共识紧密相连，是耶稣与穷苦人联盟的纽带。现代社会在本质上是无信仰的，"信仰"和"理性"的二分法使信仰成为社会的弊病。信仰让位给理性，人的理性达到高度自治，甚至到神性的程度。但是现代社会越理性，其非理性的一面就会就越加显现，意义和价值被置空，理性最终走向自我灭绝。理性不可能一直走下去。历史上，理性和信仰一直是并肩而行的。现代社会重提信仰具有必要性和紧迫性。显然，伊格尔顿所强调的信仰并非一种宗教信仰，而是对人类解放事业的信念和决心。

同信仰一样，希望在现代社会中也越来越凋零，"如同纤细的芦苇、空中楼阁，是一个好的伙伴却是一个很差的向导，是种有好的酱汁却营养贫乏的食物"❷。政治左派同斯坦纳等右派一样对希望大加质疑，怀有希望的人看起来仿佛比那些缺乏希望的人显得更加意志不坚定。希望作为一个不那么流行的神学概念被束之高阁。伊格尔顿对希望的现状痛心不已，不惜专门写了一本有关希望的书——《非乐观主义的希望》来澄清希望的面目。

希望是一种对自己信仰的信心，对信仰越理性，就越怀有希望。信仰是希望的前提，但是希望并不总是亦步亦趋地跟随着信仰。人可以对人类的能力抱有信念，同时认为其成功机会可以忽略不计。反之，可以希望和平与正义的到来，却带着对人类实现它们微薄的信念。希望不同于幻想。人类永不变的是不满足，人之所以一直持有希望是因为人不停地幻灭，并持续拒绝失败或者不在

---

❶ Eagleton T. On Evil [M]. New Haven：Yale University Press，2010：49.

❷ Eagleton T. Hope Without Optimism [M]. London：University of Virginia Press，2015：39.

意经验教训。可以没有希望，但是只要我们按照仿佛有希望而行动，可能性就有可能变成确定性。人类生存就建立在不断地对自我遗忘的生产之中。在此意义上，希望是对未来的崇拜。潘多拉打开魔盒，放出里面所有的灾难、瘟疫和祸害，却在惊恐之中关闭盒子，使希望没有来得及飞出。有关潘多拉的故事提出的有趣问题：希望是解药还是问题的一部分，还是两者兼而有之？使我们生存下去的希望是不是继续折磨我们的力量？

希望与欲望一样，是人类主体不能够自我认同的方式。每一个希望都是对自我非存在的确认，对生命的渴望。希望与欲望也并不是完全相辅相成的。我们可以想要一根烟，但是希望自己不要屈服欲望。我们还可以希望成功，却不愿意付出努力。希望是对未来的预期而不仅是渴望。因此，希望与理性而不是感性相连，可以希望落空，痴人说梦就是愚蠢至极。也就是说，对不可能之物抱有希望是非理性的，对于未必确定之物却不一定如此。希望需要的并不是信仰所需要的根据，可以希望某事发生，却不该相信它会发生。

希望并不等于乐观主义。当前有一种广泛的面向未来的乐观主义，认为尽管过程中存在一些障碍，一个更美好的世界正在稳步、清晰地展现出来。伊格尔顿批评了自由主义及社会主义者中的乐观主义。他认为马克思主义并不是主要关于进步的学说，左派中的乐观主义是盲目的，并没有对马克思进行充分解读。乐观主义的问题在于，它倾向淡化存在的偶然性，以避免、最小化、回顾过去或将灾难合理化。作为统治阶级的首选恶习，正如本雅明所说的"在革命到来之前，乐观主义必须被摧毁"。

伊格尔顿推崇正统的基督教悲剧希望，认为这种希望建立在彻底灭绝的基础上，体现了绝对意志的价值。但是他在告诉我们未来是内在的同时，又体现了历史的非连续性。也就是说，我们可以一再地努力自我救赎，却要清醒地认识到救赎不可能通过一己之力完成，这便是"非乐观主义的希望"。可以看到，伊格尔顿肯定现代社会的进步，但是认为应该对现代性进行更加细致的评估。一方面，他反对布洛赫乐观主义；另一方面他又对本雅明的神谕弥撒亚主义持谨慎态度。认为前者过于保守而后者过于激进。对斯坦纳的悲剧观的反对也源于此，悲剧沉浸在历史和现实之中。基督教和马克思主义都是悲剧现实主义的，其意义就在于对悲剧希望的揭示，粉碎了最后的生之希望，以死亡为代价，开辟了新生的通道。这种希望某种程度上与悲观相连，由悲剧所孕育，指向不确定的未来。不确定性也是其本身的一部分，同样构成了悲剧现实。伊格尔顿充分相信在实现历史转变过程中人们把握悲剧希望的能力，特别强调希望这个当前被忽视的却急需的品德。这既是对宗教的超越，又是对马克思主义解放的承诺。

第三节 文化理论话语转换的时代性

在西方思想史上，神学曾经方便地连接了伦理、政治、美学、形而上学、日常生活和绝对真理，是统治阶级维护统治的重要工具。随着18世纪末的世俗化进程，西方现代社会抛弃了神学，而神学所留下来的空位，迅速被理性、艺术、文化、精神、国家、社会、民族和道德等所填满。资本主义的兴起使上帝之死成为必然，资产阶级文明越发展，上帝和它所代表的绝对真理等就越来越成为一种阻碍，后形而上学时代堂而皇之地到来。资本主义不需要基础，也不需要对自身的存在合法化。它与一切与利润相左的事物为敌。现代主义反对宗教、在文化中寻求到政治替代，后现代主义则努力地割裂文化宗教代理人的身份。随着资本主义完成了从生产型社会向消费型社会的转变，后现代主义成功做到了现代主义所没有做到的对宗教的彻底驱逐。在20世纪的最后几十年，上帝及其形而上学的伙伴们被迫逃离到荒野上。镶嵌无神论的资本主义以无比自信的步伐迈向"后世俗化"的新世界。

第四章 "理论之后"的理论

"过去两个世纪宗教形式已经遭到双重打击：一方面是与强烈的民族认同或少数族群认同相关的对教会的破坏，另一方面是与同样这些教会权威的大部分伦理和风格的疏离。"❶ 宗教形式在美国又遭到了第三重打击,即家庭、宗教、爱国主义紧密交织的观念的被现代社会追求"灵性"的自我所冲击。在自我追求的过程中，后现代主义对增长和繁荣的迷恋、对交换价值的推崇导致货币拜物教，一种新的神性开始盛行。基要主义在全球兴起的部分原因就是出于对这种经济驱动的社会政治秩序的反抗。反过来，基要主义者以宗教之名的报复和恐怖行为也构成了对宗教的反讽，在更大的范围内引发了对宗教的恐慌和质疑。

在上帝缺场的日子里，资本主义适时地将文化推向前台，文化以丰富的情感、象征和渗透性成为晚期资本主义社会中上帝最好的替代。文化在诸多代理人中逐渐变得一家独大，完美地演绎了连接理性和日常生活经验的纽带作用。如今，神学在当代的力量主要被文化所行使。与神学相比，文化的野心博大，它试图拥有价值、真理、传统、仪式、精神、道德、组织及社会使命等所有宗教所具有的特性。资本主义之所以与文化同谋概因于此。

如果说宗教仍然保持着精神自治，那么文化在后现代主义多元、杂糅和大众化等信条的催化下，已经大幅度地自我分离。美学意义上的文化和人类学意义上的文化相距越来越远，并不能完全统一在有机社会的梦想之中。文化一方面在行使宗教的政治功能，另一方面却丧失了宗教的激进的政治意义。文化在无限自我放大的过程中，甚至试图取代政治，成为一种文化和政治的杂糅物。伊格尔顿指出，文化并不善于整合社会矛盾，而更善于反映分裂。一旦社会论争深入文化概念本身，文化就成为问题的一部分而不是问题的解决方法。后现代文化正是在这条路上渐行渐远。

---

❶ 查尔斯·泰勒. 世俗时代[M]. 上海：上海三联书店，2016：572.

在这样的历史形势下，伊格尔顿号召将文化置于其本来的位置。文化有重要的作用，但是文化过度自大导致文化不能够有效地起到政治斗争所需要的意识形态功能。资本主义消费文化在全球所进行的文化演变加剧了斗争的艰难性和复杂性，是时候将文化暂时搁置，审时度势，寻求更有效的思想武器。伊格尔顿承认文化的进步作用，但是他从哲学和激进政治的双重视角进行考察。伊格尔顿从尼采"上帝之死"的论断入手，指出人在上帝缺位的世界中积极的创造性和恐怖的破坏力，文明的进步必须以损失为代价。尼采既宣告了上帝之死，也宣告了文化的终结。这种在破坏性基础上秩序的重建与马克思主义异曲同工，马克思认为资本主义的堕落和腐朽是社会主义到来的前提。基督教诉说着同样基调的故事，为了达到美好的彼岸，以死亡来昭示天下是多么残酷和不可忍受，以悲剧行动表明了伦理选择、激进革命的道路。基督教神学因此是悲剧的，悲剧是神学世俗化的美学版本。悲剧为政治、哲学化的难题提供了一个美学的解决方案。文化的踯躅无法抵挡历史前进的洪流，在资本主义危机全面爆发之际，思想的无准备性将是革命巨大的灾难。

马克思主义者认为，宗教利用强加给人民的对来世的幻想，减少了反资本主义集体政治发生的可能性。宗教的愚昧、落后、虚伪和罪恶无须赘言。进入现代社会，宗教也加强了自身改革以应对变化的形势，特别是1962—1965年举行的第二次梵蒂冈大公会议是宗教现代化进程中的一个新里程碑。这次会议上宗教革新派占据上风，促使教会扭转了方向，在天国和尘世之间，更多地把目光投到了尘世。梵蒂冈大公会议强调教会解决现实问题的能力和举措，与其他宗教、思潮，包括社会主义/马克思主义之间的和解和对话，以及关注第三世界等。作为宗教改革的成果，拉美的解放神学在20世纪60年代末兴起，致力于将穷苦人和被压迫者的生活与宗教的教义结合起来，以耶稣的奉献和服务精神为指引，主张神学阐明人们的生活惨境，并不是要人们信仰上帝获得救赎，而是为了减轻压力并改变他们的生存境况。解放神学和天主教左派运动同

第四章 "理论之后"的理论

为 20 世纪 60 年代的产物，为基督教政治变革提供了可能性，给伊格尔顿思想打下了深深的神学烙印，在每一个阶段神学思考中他的政治批评都占有一席之地。

神学和马克思主义因此成为两个批评抵抗自由主义文化和政治霸权之地。考虑到它们已经不再是主流话语，这对神学和马克思主义两者来说不仅意味着一个对抗文化和政治倾向的新形势，还可能意味着具有一个双方彼此互动的新形势。❶

21 世纪伊始，伊格尔顿加入了西方左派集体神学转向的大军，强调神学的现代价值，特别是耶稣的殉难行为所传达的激进革命的信号。"神学"一词由两个希腊语单词"theos（上帝）"和"logos（道；话语）"构成，因此可以被理解为对上帝本质、目的和活动的反思。伊格尔顿对基督教神学进行革命性的解读，提供了神学现代性的一个版本。查尔斯·泰勒（Charles Taylor）认为，现代并不是神学和宗教被抽离，而是被"一个纯粹的自负人文主义"所取代。❷ 自负人文主义信念除了人类的繁荣之外，不接受任何最终目标，也不接受任何对繁荣之外东西的忠诚。其否定生命的超越性，最终会导致对自我的否定。

上帝在后现代主义时期的确式微，但是并没有死去。它的代理以各种变体在不同的领域发挥着各自的作用。上帝的学说是如此深入人心，以至于许多反对者都没有意识到自己正在运用的仍然是上帝的语言。伊格尔顿批评了以希金斯和道金斯为代表的无神论者。他们将上帝视为科学的敌人，他们实际上犯了

---

❶ Sigurdson O. Theology and Marxism in Eagleton and Žižek: a Conspiracy of Hope [M]. Berlin: Springer, 2012: 6.

❷ Charles Taylor. A Secular Age [M]. Cambridge, Mass.: Harvard University Press, 2007: 18.

范畴错误。也就是说，他们认为对待事物的态度只有完全从中间分开的两个阵营：确信和迷信，而不能看到大多数有意义的事物并不能从这两个角度来进行判断。基督教从来不将对事物的解释放在首位。科学与神学谈论的不是同一个事物。基督教的上帝并不是造物者，上帝造物没有目的，完全是出于乐趣。因此，上帝是事物出现和存在的原因，上帝的爱使我们对生命抱有希望和向往。马克思主义激进革命所指向的就是这种破除了异化之后爱的世界。基督教神学运用想象、仪式和叙述等语言和手段，并不是以理性和推理来描绘出这个世界，与科学一样是观察、说明世界的方法。更突出的是，神学不仅致力阐释世界，还力图给出改变世界的方式。

我们要相信，与所有表面现象相反，无权者一定能够当权。只有对失败——鄙视失败者的国家来说的一种耻辱抱有忠诚，任何人类权力才能富饶和持久。通过这种不可能的、冷酷的现实主义，正面凝视巨大的、创伤的、可憎的人类受刑现实——美杜莎的头颅，某种复生才会有可能。只有把这句话像遗言一样接受，把其他的一切都看作感伤的垃圾、意识形态幻象、虚假的乌托邦、伪造的慰藉、滑稽的向上理想主义。只有这样，它才能确保最后并不是一句遗言。❶

在后现代社会上帝之所以不再流行，因为上帝话语所描述的人类处境过于现实。资本主义自由派对这种现实不能接受、不能相信。实质上，道金斯和其同僚们不想认同的并不是上帝是否存在，而是上帝及上帝之子耶稣所传递的图景、上帝之国度所代表的公平和正义是否存在。将上帝从地球上抹除，不承认人类处境悲惨，欢欣鼓舞地欢庆人类的进步和繁荣，以一种对存在的彻

---

❶ Eagleton T. Reason, Faith, & Revolution: Reflections on the God Debate [M]. New Haven: Yale University Press, 2009: 27.

第四章 "理论之后"的理论

底否定,资产阶级无神论者以邪恶的酒神式狂欢为自己树立了与未来的屏蔽空间。

> 你们的利己观念使你们把自己的生产关系和所有制关系从历史的、在生产过程中暂时的关系变成永恒的自然规律和理性规律。这种利己观念是你们和一切灭亡了的统治阶级所共有的。谈到古代所有制的时候,你们是能理解的,谈到封建所有制的时候,你们是能理解的;一谈到资产阶级所有制,你们就再也不能理解了。❶

伊格尔顿尖锐地指出了上帝与西方自由主义背道而驰的要点,资本主义从根本上是反宗教的,不论如何利用宗教来加强自身的统治形象,一旦宗教的激进态势与唯物主义、社会主义力量集结,资本主义的末日便迫在眉睫,资本主义深知这一点。

传统宗教在现代的失宠并不能代表宗教大势已去,现代社会需要新的宗教,即与科学相融合的宗教。宗教在现代社会的意义主要归根于此。大卫·格里芬(David R.Griffin)指出,传统的两种形式的宗教神学,即"基要主义神学"和"自由主义神学",都不能起到引领宗教和科学交流的普遍作用,而后现代神学的自然主义有神论将在这方面大有可为。"后现代神学是以非感觉知觉的论断为基础的,这种非感觉知觉所指的不仅是其发生——这对现代意识来说是匪夷所思的——而且还指我们同周围环境发生关系的基本模式,感觉知觉就是由此生发而来的。"❷ 这种所谓的"后现代神学"以感觉知觉为基础,破除了文化背景产物的思维,使人们获得了相互团结和共通的基础。伊格尔顿对神学和科学统一性的强调,具有与"后现代神学"同样的思想前提,将神学与传统宗

---

❶ 中共中央编译局.共产党宣言[M]//.马克思恩格斯选集第一卷.北京:人民出版社,2012:417.
❷ 大卫·雷·格里芬.后现代宗教[M].孙慕天,译.北京:中国城市出版社,2003:6.

教桎梏相剥离，赋予神学感性神的形象。不同于格里芬注重感觉知觉神性，伊格尔顿以此为基础，将神学主要作为一种阐释话语，更多地关注神学与进步的人文社会科学，特别是马克思主义解放理想的家族相似性，为马克思主义政治批评服务。

神学的感性与科学的理性并行不悖。如果说科学是对世界的精确阐释，描述的是普遍事实，神学则是对世界的逻辑阐释，给出的是结构性真理。科学的阐释与个体并无绝对关系，神学则将个体与整体相关联。神学成为我们看世界的一个特有的、必不可少的维度。20世纪意大利哲学家和政治家贝内德托·克罗齐（Benedetto Croce）说："我们不得不称我们自己为基督徒。……我会更极端地说，如果不从基督教的角度出发，我们甚至无法说话。那是因为除非我们接受某种包含特定文化习俗的前提，否则我们根本不可能规划自己，根本不可能清晰表述一个观点。"❶ 泰勒则从个体的自我发展角度指出：

> 存在着某种做人的方式，这是我的方式，因此我应该以这种方式而不是以模仿任何其他人的方式活着，于是就赋予自我对自身忠实的重要性。如果我不如此，就无法领会生活的目的，或者无法领会做人的道理。忠于自己意味着忠实面对自身的特殊性，这是某种只有我自己才能够阐明和发现的东西。于是，在阐明的过程中，我也在定义我自己，我也在实现某种属于我自身的潜在性。这就是理解现代性本质理念的背景，是理解自我完成或自我实现的目标的背景。

这种现代性的本质与后宗教时代的现代性是不同一的，现代社会对宗教神学的剥离带来的是对理性自我的认同、自我超越，因此与身份认同而非本真相

---

❶ 吉亚尼·瓦蒂莫. 朝向一种非宗教的基督教 [M]. 涂智进，译 // 杨慧林. 基督教文化学刊第35辑. 北京：宗教文化出版社，2016：13.

连。缺乏神学的整体框架和外在意义，在以自我为中心的思想和态度下，内在的超越性就变得无关紧要。但是反过来说，这也从另一个角度表明在现代社会信仰上帝或回归宗教是可能的，神学体现了一种对超越者所持有的开放态度，突破了对内在本真封闭的限制。资产阶级自由派粉饰太平，认为与自由民主国家而斗争的人都是"为了斗争而斗争，换言之，为了摆脱某种无聊而斗争：因为他们无法想象生活在一个没有斗争的世界里"。❶ 不管资产阶级自由派如何拒绝宏大叙事，其回归是历史的必然。后现代社会中人们对自我本真探索的缺乏会导致行为逐渐丧失更大社会或政治视野的可能性。而宗教不仅提供了自我本真探索的方式，同时也为人们对更多事物的渴望提供了空间，其向死而生的革命隐喻则为这种转化指示了通道。神学话语阐释的重大意义不言而喻。泰勒认为，人们因为某种共同的目的和利益价值彼此联系在一起，这就是所谓的"政治认同"❷，也是现代社会中宗教神学不可能完全消除的原因。

因此，从归属方式上，神学为激进政治的深化提供了有力的思想武器。激进左派在面对上帝时表现出同自由派如出一辙的羞赧，却出于不同的原因。如果说自由派反对宗教是在试图否认宗教的变革之路，那么激进左派回避上帝，将最富有政治启示的思想弃之不顾则是源于思想的怠惰。

> 对于更加正统的马克思主义来说，就像对于基督教的天主教派系一样，有效的未来必须在当前能够依稀可辨。对于马克思主义，可以在那些现存制度孕育但是能够解锁矛盾的力量中找到。因为要想获得真正的希望，未来必须抛锚于现在。❸

---

❶ 福山. 历史的终结与最后一人 [M]. 黄胜强，等译. 北京：中国社会科学出版社，2003：372.
❷ Charles Taylor. Modern Social Imaginaries [M]. Durham：Duke University Press，2004：189.
❸ Eagleton T. Hope Without Optimism [M]. London：University of Virginia Press，2015：38.

伊格尔顿认为宗教虽然包含愚昧、腐朽和罪恶，但是宗教中关于人类解放的思想极具价值，在政治左派亟须好的思想的时代，应该对之加以充分利用。当前西方马克思主义者向宗教神学的集体转向，是一场理论反思，也透露着资本主义下行之势的开始，一个新的历史阶段即将开启。神学对基础和本质的强调，与资本主义非基础、无本质形成鲜明对比。在资本主义在全球范围内进行经济扩张时，以最大限度私有化和最小限度国家干预正在演变成"不受限制"的资本主义，其全球叙事和随之而来的一系列危机充分表明这种私有化程度的加强。伊格尔顿指出：

> 目前的问题是富人具有流动性，穷人具有地方性。或者更确切地说，穷人有地方性，直到富人染指他们的所在之处。富人是全球性的，穷人是地方性的——然而就像贫穷是一个全球性的事实，富人也即将要欣赏地方性的好处。不难想象未来的富裕社区受到了瞭望塔、探照灯和机关枪的保护，而穷人则在寻找远处荒地里的食物。[1]

资本主义全球化带来的是全球贫富严重分化，财富越来越集中到少数资本家的手中，这是后现代主义的"成果"，也昭示了带来的"后果"："更加令人鼓舞的是，反资本主义运动正在寻求描绘全球性与地方性、多样性与团结性的新关系。"[2] 经典的基督教神学与文化一样，也是一种社会无意识，其本身存在对于集体革命具有重要的作用和力量。伊格尔顿相信神学话语在反资本主义运动中必将具有价值和意义，马克思主义和神学并肩走向未来并不是一种虚幻和荒谬的愿景。一旦到了未来的某个时刻，当促成革命的历史条件已经不再，两者将会再次携手退出历史舞台。——不会再有基督徒，也不会再有马克思主义者。

---

[1] Eagleton T. After Theory [M]. New York : Basic Books, 2003 : 22.

[2] Ibid.

第四章 "理论之后"的理论

神学或宗教不是各种意识形态力量可有可无的产物。宗教阐释历史、现在和未来的关系，嵌套在人的情感和经验中，激发人的内在理性，从而实现对现在的超越、对未来的寄托。无论历史车轮如何向前，只要资本主义仍然存在，反资本主义政治就存在，神学话语的现代阐释价值就应该受到重视和充分利用。基督徒的信仰是肉体的复活，而不是灵魂的不朽。圣灵不是某种神圣的幽灵，而是一种能粉碎和改变地球表面的动力。激进左派可以就这些内容进行交流，并将之带进当代的政治讨论中。马克思主义和基督教在对解放的不同阐释方式上，以及在精神性上获得了同一。在神学和马克思主义共通的物质和精神辩证法中，神学话语为"理论之后"的理论打开了一个交流的空间，以神学的阐释性赋予了神学现代价值，与泰勒的自我本真、宗教现代性等观点形成了共通。

整体而言，伊格尔顿大举回归神学与神学在世俗化时代的处境有很大关联。神学话语已经不再是人们耳熟能详的语言，穷人和流浪汉能够获得救赎的故事也不再具有激动人心的力量，神学成为私人的信仰和生活方式。而这正是伊格尔顿要反对的。对神学话语的借用主要在于阐明神学对于集体政治——这种"新的"归属形式的可行性。早期"业余神学家"的经历对于伊格尔顿用替代性神学话语来思考和扩展马克思主义政治视野有直接影响，也是伊格尔顿全部神学思考的来源。伊格尔顿神学话语的对象和使用者既包含马克思主义批评家，也包含其他反资本主义的革命者。它对于马克思主义批评的启发和由此展开的批评实践，是其现代价值的重要表现。马克思主义批评家在面对文学批评危机时，获得了更新的批评话语。这对于探究话语背后的历史条件和形成机制，即形式的批评而不是内容的批评具有更大的施展空间。

第五章 伊格尔顿批评理论的融合建构

第一节 细读的回归

21世纪，伊格尔顿文学转向在很大程度上表现为对细读的强调。接受了完整的英国新批评文学的分析训练，伊格尔顿对细读特别重视，细读恐怕是英国新批评传统中为数不多的受到其青睐的一点。细读并不独属于新批评，几乎所有重要的文学理论家都重视并善于细读作品，把细读作为分析和理论阐释的主要手段。在理论繁盛时，细读作为理论的主要遗产得到了完善的保留和发扬。但是在后理论时代，这个曾经影响最广泛的批评方法也渐渐失去了生存空间。文学学生和学者并非不会细读，只是对这个方法不太感兴趣。对他们来说，对文学语言的分析和批评显得异常古怪和老套，远不如去研究吸血鬼和僵尸时髦和抢眼。

与后现代的个性化、差异化相左，传统的文学理论家重视对语言特征前景化，通过对细微意义的把握，对节奏、意象、语言的分析，连接了文本的理性和感性，在形式和内容之间架起了桥梁。无论是威廉·燕蒲孙（William Empson）还是利维斯，都把细读作为对当时工业资本主义的反抗，诗歌主要作为政治批评而存在。

"如果我们要谈论理论或政治，我们必须承认，一方面，某些细读行为被解读为太理论化或太政治化；另一方面，同样的阅读或类似的不同阅读，被解读为不够理论或不够政治化。"❶ 细读的目的因此非常重要，如何去读、读什么

---

❶ Wolfreys J. Readings : Acts of Close Reading in Literary Theory [M]. Edinburgh : Edinburgh University Press, 2000 : 16.

第五章 伊格尔顿批评理论的融合建构

及对细读的坚持程度,是区分传统的文学理论家和今日的文学学生和学者的基本点。希利斯·米勒(J. Hillis Miller)认为:"慢读,批判性阅读,意味着在每一个转折点上都充满怀疑,审问作品的每一个细节,试图弄清楚到底是用什么方法创造了魔法。这意味着不去关注作品所开启的新世界,而是关注开启的方式。"❶伊格尔顿指出,细读传统的丧失与媒体、后现代主义或笼统的文化变化有关,或者与文字的地位变化有关。伊格尔顿通过转向实用批评来矫正当前文学批评形式以分析训练的不足。伊格尔顿这种所谓的"文学转向"与他的修辞批评并不矛盾,而恰恰正是他所极力倡导的修辞批评的意义所在。"如果没有一定程度对语言的敏感性,就不可能就文学文本提出政治和理论的问题。"❷当今学者侧重对文本内容而不是形式的细读,充分表明了文学研究者对语言背后深藏的人类意识并没有足够的认识,也没有充分探索和挖掘文学政治性。对这一切的忧虑使伊格尔顿在21世纪成为细读的捍卫者,以与当代文学批评话语格格不入的形象,一如多年前呼吁批评的终结一样,伊格尔顿再次逆势而为。"《如何读诗》(How to Read a Poem)重新确立了伊格尔顿对抗批评家的身份。"❸在资本主义话语体系中,伊格尔顿使批评实践成为真正的政治斗争的手段。

重提新批评细读的同时,伊格尔顿对文学经典也进行了分析和述评。他的写作行为和他的思想观点的矛盾在此可见一斑。伊格尔顿曾经强调对经典不加选择的阅读并不是一种好的做法。何谓经典?这个问题本身就值得质疑。但是在伊格尔顿众多的文学批评作品中,他无时无刻不在引经据典。在《英国小说导论》(The English Novel: An Introduction)中,伊格尔顿的立场实际上说明了他的一个困境:虽然力图反抗和挣脱细查派的影响,但是在漫长的学术生涯

---

❶ Miller, J Hillis. On Literature[M]. London: Routledge, 2002: 122.
❷ Eagleton T. How to Read Literature [M]. New Haven: Yale University Press, 2013: X.
❸ Smith J. Terry Eagleton [M]. Cambridge: Polity, 2008: 164.

中，伊格尔顿始终在利用细查派的批评框架，也一直在"细查"早就画好的文学地图上逡巡。是文学批评家难以摆脱自己的出身，还是这个传统确有其作用？伊格尔顿通过自相矛盾的写作给出了答案，即在现阶段细查所树立的批评传统仍然大有可为。

究其原因，在于当今文学创作策略并没有突破自由人文主义的藩篱，在对社会的批判和揭露的深度和广度上，仍旧难以同文学经典相媲美。当代的作家和诗人能看到不公正的社会现象，却不愿意深究其背后的根源，以至于他们在自己的领地之内，时常放任自由派大摇大摆地进入，并且有时还会与其击掌相庆，对造成一切不幸的全球资本主义视而不见。"所谓的后现代主义对形势并没有多大改变，不过是衣着更酷的自由人文主义。"❶面对这种情况，文学经典仍然具有重要的历史和现实意义。在过去的经验中寻找方式和做法，始终是一条行之有效的捷径，特别是在当前文学学生和学者政治意识薄弱、不重视文学批评作用和功能的时刻。

在21世纪的今天，伊格尔顿仍然在细查原地寻找批评范式，与亚里士多德的修辞相结合，推动政治批评的有效性。伊格尔顿始终缺少一个原创的批评方法，他所采用的批评手段不仅来自左派内部，也来自其对手。机智博学的伊格尔顿在理论上兼收并蓄，吸取各家之长，但在方法上也同样跳不出传统和时代的藩篱。细究起来，伊格尔顿对细读的强调与对文学本质的探讨一样，应该从他的批评策略角度来认识。新批评细读并不是一种对文本社会和政治环境的逃离，恰恰相反，它是一种主动的干预。新批评所处的政治环境在21世纪被重新复制，区别不过是现在面对的是更加狡猾和多变的消费资本主义，细读作为一种理解文本（诗歌）政治功能的必要的条件被推到前台。这与伊格尔顿对当前文学批评低迷现状的认识密不可分，为文学批评打上一剂强心针，

---

❶ Eagleton T. The English Novel : an Introduction [M]. Malden : Blackwell Pub, 2005 : 337.

使文学批评能够回归对文本政治性的批判，不失为一种可行之策。为此，伊格尔顿甚至不惜调整自己的立场，将指向文化实践的目光回撤，针对读者的阅读行为进行启蒙。但是如果说伊格尔顿已经就此改变了方向并不客观，伊格尔顿高度肯定文化在建设社会主义民主政治中的作用，但是这种文化与后现代主义文化大相径庭。面对文化去政治化的危机，发挥文本政治的先锋作用将是有力的补救措施。

有评论者指出，伊格尔顿的《如何阅读文学》（How to Read Literature）与 2000 年哈罗德·布鲁姆的《如何阅读和为什么》（How to Read and Why）极为相似。两者都并没有集中在"如何阅读"而实际上是关于"阅读什么"，并且伊格尔顿并没有具体化"为什么阅读"。❶ 实质上，伊格尔顿的阅读策略某种程度上在政治性阅读与文学性阅读之间的区分并不明显，或者说存在一个断裂，这也是激进的文学批评家亟须解决的问题。

第二节 "去文化"的政治

文化的自大是当前文化危机的主要表现形式。伊格尔顿经过 21 世纪近 20 年来的思索，坚持文化在政治斗争的中心地位，同时驳斥对文化的过度泛化。当前，后现代资本主义以文化面貌出现，文化表现得无所不包、无所不能。它日渐强大的同时却冒着失去政治批判功能的风险。后现代主义迎合了晚期资本主义经济扩张的本质，试图以多元、差异等彰显文化的特性，但是殊不知资本主义正是前所未有的多元，俯身欢迎一切。这种文化自大遗患无穷，会分散人们对于真正的现实生活需要的注意力。随着资本主义全球化的进程，世界两极分化越来越严重，越来越多的人流离失所，文化左派却鲜有谈论资本主义。这

---

❶ Jesse Kavadlo, How to read Terry Eagleton's "How to Read Literature". [EB/OL]. [2020-2-22]. https://www.popmatters.com/eagleton-how-to-read-literature-2644864374.html.

从侧面证明了资本主义越来越强大、越来越狡猾，资本主义制度的力量得到了广泛加强。在这种危机下，伊格尔顿呼吁文化左派破除资本主义与文化的勾结，将文化置于其本来的位置，正视文化与权力构成、文化与意识形态之间的辩证关系，突出文化的批判功能和价值取向。

出于对文化危机的认识，伊格尔顿坚持马克思主义立场，从文化政治阵地回溯，对文化理论去政治化、文学理论衰落的现状进行探析并试图补救。他指出，马克思主义批评家必须担负起批评的责任，扭转当前批评的阐释危机，解决因文学理论衰落而留下的一些悬而未决的重要问题。21世纪在发起令人炫目的神学、形而上学转向的同时，伊格尔顿战略性地"转向"了文学。

文学转向对于修正后现代文化自大、推动激进政治进入正轨具有非常重要的理论和现实意义。文学和艺术是不可缺少的，主要是因为其中以特别形象封印的人性具有直接的感受形式。在这方面，哲学或政治是无力的，不能与之匹敌。几乎可以说，它们就是我们在手掌中衡量我们赖以生存的根本价值的手段。文学理论家不需要抓住流行文化的"稻草"来维持自身的学术相关性，文学作为权力构成的一部分，同时又蕴含着批判的力量。这种居于其中又置于其外的位置，正是文学理论家所在的高地。保护住这块阵地是当前文学理论家和批评家最重要的任务之一。

马克思主义批评是历时批评，革命形势需要决定着批评话语的优先级。与文化要取代政治相比，文本包含着政治的负载。在文化迷失时，重提文本或者说高举文本，是伊格尔顿文化批评策略的优先选择之一。"文化是我们赖以生存的，而且很大程度上是我们要为之生存的，但是文化只有被置在一个开明的政治环境下才可能不会变得病态。"❶这个开明的社会环境，即社会主义民主政治。在未来的理想社会到来之前，对文化必须秉承警戒的态度。

近年来，伊格尔顿文化理论加强了对神学、伦理学和文学等领域根本问题

---

❶ Eagleton T. The Idea of Culture [M]. Malden：Blackwell, 2000：123.

第五章　伊格尔顿批评理论的融合建构

的探讨。如果说伊格尔顿的理论就此发生了转向，并不十分客观。伊格尔顿并没有偏离20世纪80年代《文学理论引论》中所确立的将文学扩展到文化的主张，只是他没有预料到后现代主义以迅雷不及掩耳之势将文化理论带向了旋涡的中心。新一代的文化理论家试图以文化作为政治的延续，但是在深化理论的过程中："理论成为学术生活商品化的症候。在后现代社会所出售的更加耀眼的商品中，就有文化理论本身。"❶ 这一切都拜后现代主义所赐，但是理论本身也难辞其咎。理论从根本上是对社会不适症状的自我反思，但是在后现代主义社会中，理论的批判功能被不断膨胀的分析热情所掩盖。一切都可以成为分析的对象。越是差异的、多样的就越受到推崇。在细枝末节中寻找宇宙真理，碎片化的、分裂的事实被不断欢呼，理论越来越偏重感官而不是心灵。理论陷入了前所未有的危机之中。

如果理论不能对我们的生活和出路做出恰当的指导，不能从根本上认识到后现代主义与晚期资本主义的同谋，理论就会背离它产生的物质基础和现实条件。事实上，"理论不像传统的批评那么教条，更倾向不可知论和开放。它想要把更少的先入为主的观念视为理所当然，并尽可能仔细审视我们自发的假设"。❷ 随着资本主义发起新的全球叙事，理论需要适时重新调整视野，彰显自己的内涵和本质，提出并试图回答关乎人类生存和发展的根本问题。"我们也许正处于这样一个阶段：它的卓越地位引起了关于它希望如何进行的真正关切（当然它必须这样做）。理论本身成了刻度，也正是它想要颠覆的状态。"❸ 文化理论野心博大，作为激进左派政治诉求的产物，如果它试图取代政治，那么它也从其他方面给激进政治话题提供了生存空间。

---

❶ Terry Eagleton. Literary Theory: an Introduction [M]. Minneapolis: University of Minnesota Press, 2008: 206.

❷ Terry Eagleton. After Theory [M]. New York: Basic Books, 2003: 88.

❸ Martin McQuillan, MacDonald, Graeme, Purves, Robin, et al. Post-theory: New Directions in Criticism [M]. Scotlant: Edinburgh University Press, 1999: 11.

持有与弗雷德里克·詹姆逊（Fredric Jameson）"正视后现代主义的文化规范，分析了解其价值系统的生产和再生产过程"❶相同的主旨，伊格尔顿在21世纪加强了对文化理论的分析和阐释，特别是对文化理论在社会主义民主革命中的作用给予积极的肯定。他所遵循的理论路线越来越明晰：发展一种建立在马克思主义基础上的、开放的、融合的思想体系，吸收、利用一切有启发意义的概念和思维为社会主义民主政治服务。社会主义的存在，而不是马克思主义的存在，是重要的。虽然马克思主义是社会主义的重要载体，一方的存在必须以另一方为前提。"❷在伊格尔顿看来，文化理论担负着为社会革命提供思想武器的历史使命。为此，激进左派亟须恢复文化理论的合法地位。同时，文化理论也要正确认识自身与权力构成的辩证关系，突出政治批判的本质和功能。

伊格尔顿以文化和政治批评起家，20世纪80年代发出令人振聋发聩的政治批评号召，20世纪90年代转入民族主义和爱尔兰文化研究，21世纪则大幅度转向神学和形而上学研究。表面上看，作为"理论的实践者与辩护者的伊格尔顿，与作为良知和理论的责难者的伊格尔顿"❸之间的理论位移毫无章法，实则遵循着一条统一的路线：亚里士多德、阿奎那、尼采、维特根斯坦、马克思所共通的实践传统，一种以行动为导向的理论，也就是马克思所谓的"解放知识"。❹这种知识以一种实用的方式推动人们改变自己的处境，因此它本身就是一种社会或政治力量，也是它所考察的物质条件的一部分。

对于文化理论而言，相对于其负面，伊格尔顿更强调文化理论物质的、激

---

❶ 詹明信. 晚期资本主义的文化逻辑 [M]. 张旭东，编；陈清侨，严锋，等译. 北京：生活·读书·新知三联书店，2013：354.

❷ Terry Eagleton. A Shelter in the Tempest of History [J]. Red Pepper, February 1, 2002.

❸ 戴维·洛奇. 写作人生 [M]. 金晓宇，译. 开封：河南大学出版社，2015：132.

❹ Terry Eagleton. Marx and Freedom [M]. London: Phoenix, 1997: 4.

第五章 伊格尔顿批评理论的融合建构

进的一面,既反对文化的过度僭越,又重视文化在人类解放中的价值。"马克思主义没有否定文化,而是重新定位文化。文化并不像后现代文化主义者所认为的那样能一直延续下去。相反,它来源于根本不是文化的物质力量。"❶ 以经典马克思主义者自居,伊格尔顿坚持马克思主义政治目标,即以全人类的解放为中心的马克思主义文化理论。伊格尔顿极力反对"马克思主义过时论"。相反,马克思主义思想在继续发展和进步。左派闭口不谈马克思主义,对当前政治形势是一个巨大的不利。单凭马克思主义批评并不能扭转这种局面,但是,为了胜利的到来,必须继续坚持马克思主义批评,因为"每一个重要的政治斗争同时也是思想的斗争"❷。

伊格尔顿认同威廉斯对"文化政治(cultural politics)"和"文化的政治(the politics of culture)"的反思。伊格尔顿从文化起家,文化始终是其理论的焦点和内核。受威廉斯影响,伊格尔顿精于文化分析,文化政治批评一度是他的标识。但是,随着后现代主义的到来,伊格尔顿俨然从文化政治批评转向了文化政治批判,对文化妄图取代政治的自负和自大发起了猛烈的攻击。伊格尔顿并不是号召文化和政治分道扬镳,而是主张文化的归位。虽然文化在意识形态生产中的地位不容忽视,但是文化并不是万灵药,过分地夸大文化会掩盖后现代资本主义社会中的根本矛盾,导致革命力量被削弱。正统意义上的文化本身就与政治权力构成密不可分。后现代对文化的泛化导致文化与权力的关系被美化和改写,文化充当了权力的面纱,极大地削弱了批判功能。伊格尔顿抓主要矛盾,突出了对文化的批判,体现出一种对早期政治左派文化理论的回归和全面超越。自 20 世纪 90 年代开始,他就表现出与文化理论"对立"的一面:为了平衡文化和政治,回归到自己 20 世纪 70 年代的理论主张,转向对身体的关注。用身体的政治性来抵抗文化的泛化,这也成为他 21 世纪重要的理论主张之一。

---

❶ Terry Eagleton. Culture and the Death of God [M]. London : Yale University Press, 2014 : 169.

❷ Terry Eagleton. Marxism and Literary Criticism [M]. New York : Routledge, 2002 : x.

但是在回归的同时，伊格尔顿又以更加开放和多元的姿态，加深对文化和政治辩证统一关系的理解和阐释。

伊格尔顿在进行文化批判概念阐释时，采取的是为我所用的策略。马克思主义政治目标的实现，需要全方位的理论和政治策略。"对这些策略有效性的评估并不应该看它们是否绝对和内在，而是要看它们能达到什么效果。这是区分方法论的多元主义和自由主义及折中主义所在。"❶伊格尔顿重视批评策略，以亚里士多德修辞术作为批评的本源，以多元批评方法为关照，透视文化理论，强调批评的功能，以期实现批评的效果。对哲学、神学、伦理学和心理学分析等的有效运用，丰富和扩展文学、文化批评的理论视野，强化政治批评的本质。反过来，没有跨学科的文化批评，就没有批评本身。把策略作为一切事物的理论❷，不仅是因为伊格尔顿的狡黠，而且还是革命的需要。在危急时刻，决定生死存亡的问题首当其冲要优先解决。不在思想上溯本追源，就不能探掘出理论和实践问题的走向。在这个意义上，伊格尔顿21世纪的神学、形而上学、文学转向或回归，更近似一种对文化理论的拨乱反正。

文化作为艺术作品，是最具意识的表现，但是作为一种生活方式又是最不具有意识的产物，即拉康眼中永远不能被总体化的它者。如同弗洛伊德视自我对自身构成存在盲目，文化具备自我反思的功能，但是这种自我反思无法脱离自身而进行，始终存在着不能进入意识的无意识。自我盲目和压抑贯穿着文化发展过程，而这正是促进文化繁荣的动力。社会无意识是艾瑞克·弗洛姆（Erich Fromm）眼中"被过滤掉的反抗"❸，作为社会无意识的文化是文化的一部分，

---

❶ Terry Eagleton. Myths of Power : a Marxist Study of the Brontës [M]. New York : Palgrave Macmillan, 2005 : XXIV.

❷ Terry Eagleton. The Event of Literature [M]. London : Yale University Press, 2012 : 169.

❸ 方幸福. 幻想彼岸的救赎弗洛姆人学思想与文学 [M]. 北京：中央编译出版社，2014：220.

第五章　伊格尔顿批评理论的融合建构

随着历史进程，成为文化的重要载体。伊格尔顿高度重视社会无意识的文化，借助弗洛伊德心理分析，他认为无意识的文化会对有意识的文化产生重要的影响。

马克思主义承认自我盲区（非自觉性）的存在。"人的行为的真理，可以说，置身于他者中，在整个能指领域，而不是在人的意图或经验中。"❶意识形态是阻止人的自我意识的重要工具，使人们的行为和思维始终处于差异之中。文化与意识形态具有类似的一面，但是文化更加广阔、更加可变。文化并不总是权力的媒介，它同样可以成为权力的抵抗。激进批评的重要性就在于挖掘文化的激进内涵，挽救陷入意识形态陷阱的文化，社会无意识的文化在这一点上起到关键的作用。

伊格尔顿在最新关于文化的著作中，进一步比较了埃德蒙·伯克（Edmund Burke）、约翰·哥特弗雷德·赫尔德（Johann Gottfried Herder）、T. S.艾略特（Thomas Stearns Eliot）和威廉斯的社会无意识文化观，在不同层面吸收和借鉴了其中有启发意义的一面。伯克对文化持有积极的态度，认为文化对于政治权力的巩固具有重要的促进作用，内化了的文化是统治阶级维护政治稳定的第一手段。伯克对爱尔兰贫民的同情使他形成了渐进式的文化统治观："合法的权力，必须建立在共同的利益、同情感，以及人民和以人民的名义行动者的欲望之上。"❷伯克认识到了文化在稳固政权中的根本作用，对爱尔兰、印度、美洲殖民地英国统治者不顾民族文化、实行文化霸权的做法大加批判。他以维护统治阶级政权为出发点，用文化共识来黏合各阶级。同时，他提出为了加强大众的忠诚，对政治权力必须进行审美化。一旦权力与文化同一，成为无意识文化的一部分，人们就会自动顺从它的统治要求，而权力根本无须运用特权。伯克对法国大革命的反感就是因为它破坏了这一进程。伯克对权力审美化的观点对认识后现代晚期资本主义的形象具有重要的启发意义。后现代资本主义以

---

❶ Terry Eagleton. Culture [M]. New Haven：Yale University Press，2016：48.

❷ Ibid. 58.

文化的面目进行大肆掠夺，掩盖自己的剥削本质，将文化吸收进政治权力内；而文化左派对文化即将取代政治的危机视而不见，反而沉迷在后现代主义的文化自大之中。伯克从统治阶级角度发出的社会无意识文化警醒文化左派，必须破除文化向政治的渗透。文化的政治有美学上的，也有政治上的，但是归根结底文化是社会构成的产物。文化不可能成为取代政治的手段。一旦文化僭越，其本身就成为了"问题的一部分"。❶

在这方面，赫尔德持有的社会无意识文化观提出的正是要用文化取代政治，但是显然与后现代主义文化取代政治具有不同的维度。赫尔德对文化的发展持有充分的信心，而国家则成为阻碍发展的产物。赫尔德试图用文化取代文明，认为各种文化以自己不可模仿的方式，按照自己的步调构成了历史。文化作为和谐发展的概念被应用到国家之上。每一个国家的精神发展都有自己的价值，都体现着人类的美好。这种非线性的历史观对于激进左派具有参考价值。赫尔德与马克思一样，相信文明的得失及进步与衰退共存。与之对照，自由主义历史终结论显得十分荒谬。赫尔德相信感觉经验高于理性，强调语言的社会功能和在构成个体文化的中心作用。他珍视个体文化，却并非多元文化主义者和文化相对主义者，而更多的是将其视为构成有机整体的一部分。他反对殖民主义，因其打破了一个民族的物质根基，掠夺了语言的重要本质。他认为普通大众的生命形式保持了语言的原始风貌，主张"以普通大众的生命形式作为主导。而如果人民想要获得自我意识，国家就必须消亡"❷。伊格尔顿通过赫尔德社会无意识文化观强调了文化对人类生存和发展的意义，肯定了社会无意识文化的价值，指出文化取代政治形式的先决条件是大众的解放。

"伊格尔顿与民族主义的批判性联系，是由一种特定的马克思主义传统所决定的，而后殖民主义理论对此不屑一顾。其结果若不是主要局限在学术界，

---

❶ Terry Eagleton. The Idea of Culture [M]. Oxford : Blackwell, 2000 : 40.

❷ Terry Eagleton. Culture [M]. New Haven : Yale University Press, 2016 : 86.

将是灾难性的。"❶ 民族主义作为伊格尔顿文化理论的核心之一，是文化和政治黏合的典范，"很难想象文化和政治会还有更强有力的结合"❷。如果说伯克与赫尔德的社会无意识文化观为伊格尔顿以解放为核心的文化理论做了铺垫，那么艾略特与威廉斯的社会无意识文化观则从实践上做出了指引。

今日的文化理论家拒绝精英者，因为他们与日常生活脱离。在连接精英文化和大众文化方面，艾略特的文化观具有更大的启发价值。对于艾略特来说，文化首先是人类学意义上的文化，在某个地方一起生活的某个族群的生活方式，文化同时又是使生活更有意义的价值表达。艾略特对文化的描述性和规范性并不特别区分，甚至故意将之混淆，因为他认为文化最终是一个民族的整体的生活方式。文化在这个意义上，更多地处于潜意识，而不是意识之中。"文化永远不可能全部出现在意识之中，我们所意识到的文化永远不是文化的全部。"❸爱略特对作为社会无意识文化的强调在于他对大众自我意识能力持不信任的态度。文化主要以能够被下意识遵守的习俗、礼仪等形式而存在。

因此，大众和精英共享同一个文化，而不是不同的文化，区别在于大众是无意识的，而精英是能够自我反思的。这样在共同文化内根据自我意识的不同程度形成了不同等级的文化，而不是不同种类的文化。艾略特认识到，少数派的价值必须根植在共同享有的土壤才可能繁荣。作为小集团的文化和作为一种生活方式的文化之间必须建立流通。高级文化必须意识到两者都是有价值的，因此文化的运动以一种循环的形式进行，每一类都滋养着其他类。保持一种高级文化，不仅有益于维护自身阶级，而且还有助于整个社会稳定。大众将会从少数文化中吸取价值，但他们并没有意识到这个事实。艾略特的目标是将精英

---

❶ David Alderson. Terry Eagleton, Houndmills, Basingstoke [M]. New York：Palgrave Macmillan, 2004：129.

❷ Terry Eagleton. Culture and the Death of God [M]. New Haven：Yale University Press, 2014：86.

❸ Terry Eagleton. Culture [M]. New Haven：Yale University Press, 2016：86.

主义与原始主义相统一。"文明的和原始的必须相互对话。精明者必须和野人一起接受教育。"❶ 精英者和大众的自我意识并不需要也不可能共通。精英者会对文化进行更细致的提炼，使大众更加无意识地遵行。艾略特共同文化中共存着两种文化：精英者保存的审美意义上的文化和大众所保存的人类学意义上的文化。

与艾略特不同，威廉斯把社会无意识与文化总是在发展中这个事实相连接。文化无意识因此首先是它的历史性的结果。一种文化，当它存在的时候，总是部分不被所知，部分未被认识。一个团体的构成，总是一种探索，因为意识不能先创造，对未知的经验没有公式。"好的团体、鲜活的文化，总是不仅要为此创造空间并且要积极地鼓励所有和任何能促进共同需要的意识的人。因为我们并不能预知未来，更不是仅仅因为我们现在思想和行动隐匿的潜台词。"❷ 我们永远不能确定现在哪一种文化将会有成果，哪一种将会走入死胡同。而艾略特不需要等到未来就能非常肯定地确信一种文化的价值。

对威廉斯来说，历史性是一种文化永远不可能总体化的原因。而且在他看来，任何现代社会秩序与艾略特的同质化、以乡村为主体的社会秩序不同，更可能是一种非常复杂的特别化的发展系统。其全部组成部分将构成全部文化，但是对任何其中的个人或团体则是不可得或意识不到的。它对一些人是有意识的，对另一些人则没有。威廉斯认为，一种文化的意识和无意识的维度并不是按等级分配的，而是一个单一体的多个方面。对艾略特来说，共同的文化是共同分享的文化；而对于社会主义者威廉斯来说，则是共同创造的文化。从这一点上，威廉斯的共同文化观比艾略特的共同文化既更有意识又更无意识。有意识在于它包括所有成员的积极参与，无意识在于这种无法探寻的微妙的合

---

❶ Terry Eagleton. Culture [M]. New Haven：Yale University Press，2016：92.

❷ Ibid. 93.

作既不能事先草拟也不能在过程中非常直白。如果说它对艾略特是缺乏透明性的话，对威廉斯更是如此。因为在构建一种文化过程中动因越积极地发挥作用，就越不能从整体上把握它们行动的效果。意识和无意识对威廉斯来说是同一个过程的不同方面，对爱略特则分别属于不同社会集团。威廉斯和艾略特的共同文化观因此有显著的差别：威廉斯的共同文化是每一个成员共同参与创建的文化，艾略特的共同文化是少数派精英派的文化；威廉斯的共同文化在于政治形式，艾略特的共同文化在于内容。

威廉斯的共同文化强调大众的能动参与作用，与多元社会彼此相容，并且能够促进多元。这种多元建立在共同的利益基础上，是真正意义上的多元，与后现代所谓的多元并不同一。威廉斯认识到，要实现这种文化多样性必须依靠共同的行动，即社会主义革命。政治觉悟也是威廉斯与后现代主义文化主义相区别的重要标志。文化不是解决文化问题的最终途径，必须依靠政治。威廉斯眼中最重要的不是文化政治（cultural politics），而是文化的政治（the politics of culture）。政治是文化得以产生的条件。

伊格尔顿对威廉斯共同文化观政治性的分析是其从文化回撤的信号，并非因为文化是第二性，而是政治必须作为文化的前提。并没有特别文化的政治形式，所谓的文化政治并不存在。文化也并非政治的，文化的政治只是特定历史阶段的产物。只有在当文化陷入被统治或抵抗过程中，当这些十分有害的事件成为斗争的场地时，文化才成为政治。文化的政治的最终目标是恢复这些事物的有害性。

伊格尔顿在无意识的文化中看到的是文化的激进内涵。作为社会无意识的文化所对比的是作为观念的文化。在人类漫长的发展过程中，文化是后知后觉的，但是文化一旦形成，就会深入人的潜意识，成为指导人行为的强大武器。观念的文化是少数派自我意识的产物。少数派精英利用观念的文化调节和掌控社会，规范无意识的文化。社会无意识的文化如一头猛虎，如果放回山林,将势不可挡。在伊格尔顿共同的文化中,大众所主导的社会无意识的文化具有巨大的潜力和价值。伊格尔顿的大众并非艾略特眼中与精英派相对立的低等级文化主体,也并非全然威廉斯作为共同文化个体的大众。这个大众是建设社会主义民主政治、追寻人的自由和解放、晚期资本主义制度下被剥削阶级的总和。

当前,社会无意识的文化所彰显出的文化与权力构成的关系,警示激进左派必须拒绝后现代文化的渗透。同时,要充分利用并突出社会无意识文化在构建社会主义共同文化中的主导作用。隐与显的辩证关系始终处在动态的变化中,无论是以显性还是隐性的形式出现,作为社会无意识的文化始终应该坚持自我反思和自我批判,走向社会主义共同文化,一种合力打造的文化,求同存异的文化。对共同的利益的关注和共同未来的企盼,在有意和无意之间,在反思和凝视下,文化应以前所未有的开放和共荣指向自我,克服自身的多重矛盾,搁置歧义,服务人类的解放理想。伊格尔顿对作为社会无意识文化的分析,明确社会无意识的范畴和主体,有助于推动对社会主义共同文化的理解,破除精英文化和大众文化的思维模型,对平权文化也予以有力的回击。

综上,伊格尔顿所谓的"去文化"的政治,实际上是拨开资本主义文化面纱,树立社会主义文化的一种努力。这与他建立以身体为基础的"不加掩饰的普遍主义"息息相关。

第三节 张扬"唯物主义"

伊格尔顿在 21 世纪之初大谈文化,对文化的攻击势头猛烈,为之后的创作奠定了基调。虽然很多学者对后现代主义文化多有批判,但与伊格尔顿相比

第五章　伊格尔顿批评理论的融合建构

较都显得小巫见大巫。在 1996 年《文学理论引论》再版的后记中，伊格尔顿指出，20 世纪 80 年代初期是"前后两个截然不同的时期的分水岭"❶。各种力量以迅雷不及掩耳之势为 20 世纪 90 年代后现代主义正式登场做了清场。伊格尔顿表示当时并不能意识到这一点。我们在分析伊格尔顿理论的分期时，能明显发现一个断裂。20 世纪 80 年代，伊格尔顿转向本雅明的革命批评，发表了宣言之作《文学理论引论》，后续《批评的功能》可以视作其注脚。但是在之后的 5 年中，伊格尔顿鲜有地沉默了。在其创作生涯中，这种停滞期十分罕见。

20 世纪 90 年代初，伊格尔顿再次登场，但是他的风格发生了明显的变化，"学术流浪者"的称呼也在此时开始兴起。伊格尔顿首先转向了民族主义。这是在 20 世纪 80 年代文化政治批评之后的大调整。他的理论的焦点由"文化政治"转变为"去'文化'政治"。在《民族主义：反讽和承诺》(Nationalism: Irony and Commitment)中，伊格尔顿指出"整个民族文化的概念必须经受一次政治批判"。"民族主义论及单一主体——人民的自我实现……这个单细胞的主体必须以某种方式奇特地先在于自身的物质化，必须装备。"❷这需要的是个人和总体化的结合，个人需求不再自我认同，而是通过与他人的对话而返回自身。

20 世纪 90 年代，是伊格尔顿理论反思的全面开始。与后殖民主义的思维方式不同，伊格尔顿所谓的革命是全人类共同的进步，是以爱、互助、给予为根基的实践活动，建立在团结和共识的基础上，是对人的充分尊重和对自然敬畏的结果。后殖民主义以文化替代政治，以身份取代阶级，强调对个体、

---

❶ Terry Eagleton. Literary Theory: an Introduction, 2nd ed [M]. Cambridge, Mass: Blackwell, 1996: 190.

❷ Terry Eagleton. Nationalism, Colonialism, and Literature [M]. Minneapolis: University of Minnesota Press, 1990: 28.

差异的强调及多元文化主义的推崇，使革命的观念越来越滑向了泥潭。伊格尔顿在21世纪之初屡屡发起文化危机的警告。2017年，伊格尔顿在《文化》（*Culture*）一书中再次挑起了文化这个话题，重新回顾了文化的概念。与最初论述文化危机时仍保有的淡定不同，伊格尔顿这时显露出明显的焦虑。他对流行文化与文学批评的互谋关系进行了追溯，指出文学批评从公共领域退出之后，主要以一种学术追求而存在。文学和文学批评的社会功能被极度地贬低。阅读文学完全成为个人事件，而与国家和民族、经济和社会不再相关。流行文化的出现拯救了文学学者，使学者们重新占据了中心，似乎获得了与过去文学批评等量齐观的文化批判影响力。首先是革命民族主义，其次是身份政治、后殖民主义、文化工业，反恐战争同样起到了一定的作用。文化的时代俨然已经到来。令伊格尔顿焦虑的正是文化这种势头不减的狂妄自大。后现代主义已经开始文化转向，旧工业时代的资本主义现在演变成长着文化面孔的资本主义。当创造力成为商品，资本主义就实现了美学化，这导致它变本加厉地工具化和腐蚀化。文化被作为实现物质目的的工具被吸收进资本主义体制内。

　　文化正因为其可塑性，也使其具有危险性。文化问题的根本在于，文化在完成自己历史使命的同时，忽视了自己的物质前提，即共同的文化、共同的语言必然引向共同的身体。与文化研究身体理论不同，伊格尔顿提出的身体是一种更加原始的身体，是物质的身体也是实践的身体，即维特根斯坦式"展现人类灵魂"的身体。这种身体最初并不是文化构成的一部分，去掉了文化附加值，才成为人类命运的承载。基于对激进左派历史的深刻认识，伊格尔顿炮轰文化研究在消费资本主义下的种种弊端，彰显身体的物质性，对身体的文化性进行祛魅。社会学理论家指出，身体的材料性是现实感知力的主要依据，伊格尔顿也从身体的共同经验中寻找团结和共识的基础。与20世纪60年代天主教左派时期对"作为语言的身体"❶主张有所不同的是,伊格尔顿结合辩证唯物主义和历史唯物主义,将目光聚焦在身体的物质性上,对各种版本的唯物主义进行充分研讨,为"身体唯物主义——探讨对所有人类的身体都是真实的各种人类生物性模式"❷的出场排除理论障碍,表现出在理论之后对理论走向的探索。

伊格尔顿在这种对令人着迷的哲学流派的欣赏中提出了有力的论据,认为唯物主义是当今重要的科学,是文化和哲学辩论的核心。他揭示了一种全新的方式来考虑三种截然不同的唯物主义者——马克思、尼采和维特根斯坦的价值观和信念,在他们的哲学之间进行惊人的比较,同时反思了从意识形态和历史到语言、道德和思想的广泛主题。伊格尔顿的著作有力地说明了我们的身体和身体活动如何使思想和意识成为可能,这是对哲学思想的宝贵论述,触动了我们如何思考自己和生活在世界上的核心。伊格尔顿在《唯物主义》一书中探索的主题包括物质的意义、哲学的范围及像我们这样被体现生物的生活。第一章对当今思想市场上提供的唯物主义进行分类,而身体唯物主义则吸引了伊格尔顿的大部分注意力,因为它最恰当地描述了马克思、尼采和维特根斯坦的方法。身体唯物主义者揭示了我们共享的人类,这体现在塑造我们对世界的理解的代理兼依赖的现实中。

当前的许多理论家都对文化研究的身体理论进行批判。在这些理论家看来,文化研究的身体理论实效性的丧失,不单是由于文化过滤掉了躯体的生物性感觉,更重要的是这些文化分类违背了社会学关于团结的学科意图。与文化研究身体理论不同,伊格尔顿提出的身体是一种更加原始的身体,既是物质的身体也是实践的身体,即维特根斯坦式"展现人类灵魂"的身体。这

---

❶ Terry Eagleton. The Body as Language : Outline of a "New Left" Theology [M]. London : Sheed & Ward, 1970.

❷ Terry Eagleton. Materialism [M]. Cumberland : Yale University Press, 2017 : viii.

种身体最初并不是文化构成的一部分，去掉了文化附加值，才成为人类命运的承载。基于对激进左派历史的深刻认识，伊格尔顿炮轰文化研究在消费资本主义下的种种弊端，彰显身体的物质性，对身体的文化性进行祛魅。社会学理论家指出，身体的材料性是现实感知力的主要依据，伊格尔顿也从身体的共同经验上寻找团结和共识的基础，结合辩证唯物主义和历史唯物主义，将目光聚焦在身体的物质性上，对各种版本的唯物主义进行充分研讨，为身体唯物主义的出场排除理论障碍，表现出在理论之后对理论走向的探索与推进。

唯物主义一向与激进主义相关，但是各种版本的唯物主义的激进性需要重新考量。伊格尔顿列举了各种唯物主义，指出物质和人的生存境况的关系。首先，他辩驳了决定论唯物主义和经验论唯物主义。决定论唯物主义脱离了人身处的环境改造人的思考和行动方式，而现实是缺乏整体感的、碎片式的、孤立的。这样的唯物主义难以还原历史过程的复杂性和丰富性，陷入了一个不可能完成的任务。而经验唯物主义主要是培根实验归纳方法的产物，强调对真实世界的认识源于个人对感觉经验的理性化处理以形成概念，由此得到对经验事实的理性判断，因而感性经验是理性知识的来源与检验标准。18世纪的经验唯物主义者大卫·哈特利（David Hartley）和约瑟夫·普莱斯利（Joseph Priestley）认为心灵是由感觉印象所构成的。感官印象来自环境。如果环境可以重新打造生成正确的感官数据，人类的行为就可以向好的方向改变。"从政治意义上来说，这是一个模棱两可的进步事业。就像马克思所指出的，这种改变服务的是统治者的利益。"

伊格尔顿接着分析了英国内战左翼思想中的激进主义，如斯宾诺莎（Baruch Spinoza）的著作和法国启蒙主义哲学与唯物主义的联系。马克思和恩格斯继承了这个激进遗产。唯物主义这个词在18世纪才出现，但是唯物主义概念却很古老。马克思的博士论文研究对象，古希腊的伊壁鸠鲁（Epicurus）

第五章　伊格尔顿批评理论的融合建构

是唯物主义最早的阐述者之一。同后来的启蒙主义者一样，伊比鸠鲁认为唯物主义意味着脱离僧侣制和迷信获得的自由。这种唯物主义观对于牛顿及其同僚来说是不可思议的。在他们看来，物质是无理性的、无活力的，需要外在神的力量来驱动。人的身体也是如此，粗鲁和迟钝，几乎不能自我激活。无实体的精神和灵魂构成了对生硬的机械唯物主义的一种补偿。

来自斯宾诺莎一系的激进派对之持相反的观点：物质本身就是鲜活的，而且是自决的，就像民主国家的民众，没有必要设立一个至高无上的精神权威。"对精神世界的拒绝就是以坚定不移的严肃性来对待物质世界及其中的男男女女的福祉。人们由此可以脱离宗教僧侣的垄断，这就是所谓物质的政治。"斯宾诺莎等唯物主义者通过将人视为与上帝同一物质世界的一部分而赋予了人以尊严，也证明了马克思主义与人文主义的关联，同时指出了人类谦卑的出身，给予将人与物质和动物世界相分离的保守人文主义者一击。这种唯物主义具有伦理和政治的维度。面对自大的人文主义，它坚持人与周围世界的万事万物的一致，培育了谦逊的美德，提醒我们对周围世界和彼此的依赖。人最初的无助是道德力量的原始来源。伊格尔顿指出，弗洛伊德曾认为"使我们成为道德的生命的并不是自治，而是我们的脆弱性；不是我们的自我关闭，而是我们的开放性"。这种对人和周围环境及其他生命共生关系的强调构成伊格尔顿冷静现实主义的思想背景，在伊格尔顿的理论框架中没有对这个最基本现实的认识就无法建立对世界的正确认知。

伊格尔顿引用马克思主义哲学家塞巴斯蒂亚诺·廷帕纳罗（Sebastioano Timpanaro）来进行说明。"科学的发展使人类认识到人在宇宙中只占据一个边缘的位置，人的生命起源依靠特殊的条件。人的思想是以特定的解剖和生理结构为条件的，并因这些特定病理变化而遮蔽或受阻。"这种唯物主义滋养的是现实主义而不是虚无主义。认识到了物质的难驾驭性，唯物主义思想推动了一种对他者和世界的完整性的尊重，与后现代主义认为一切都是文化的反射的自恋形成对照。唯物主义同时也反对后现代主义认为现实是人手中的黏土，可以由骄横的意志来延长、劈砍、击打和重塑。伊格尔顿指出，这种后现代主义不过是古老的诺斯替式厌恶物质的晚期资本主义版本。

伊格尔顿进一步探讨了活力论唯物主义。通过分析活力论唯物主义中不那么唯物主义的一面，认为对物质和物质性的不同理解，以及对人与自然关系的不同看法导致唯物主义众多的纷争。活力论唯物主义有悠久的传统，从德谟克利特（Democritus）、伊壁鸠鲁到斯宾诺莎、谢林（Schelling）、尼采、伯格森、布洛赫、德勒兹（Gilles Deleuze）等，都对活力论有过论述。辩证唯物主义也属于活力论唯物主义的一种，这种唯物主义在物质中为精神保留了位置，虽然有时被称作非理性主义，但是成功地避免了物质和精神的二元对立。活力论唯物主义认为现实是多变的、不稳定的，精神无法始终与现实保持一致性。有些活力论者就此倾向于理想化和羽化现实，物质不再是行动的阻碍，而具有了与精神一样的可塑性。新唯物主义者属于这种活力论者。伊格尔顿批判的主要对象就是新唯物主义。"（齐泽克）这种所谓的新唯物主义就是托尔金（Tolkien）笔下的中土世界，一个充满了魔力、善恶精灵的魔法世界，却很奇怪地没有上帝。所有的魔力都内在于物质本身，作为一种精神力量存在于我们的世界。"

新唯物主义要将物质从身为物质的屈辱之中解救出来，将之作为一种没有实体的物质性，这种对物质性的解构与后现代结构主义文本的概念一样流动和变化，使其成为一种不可能之力，并不再是存在和可能的秩序。唯物主义的力量急速地走向了否定和难以言说。同许多自称新的理论一样，新唯物主义实际上并没有那么新。新唯物主义明显是披着后结构主义狼皮的唯物主义，只不过用物质替换了德里达的文本，实际上没有什么两样。"它同后结构主义一样怀疑人文主义，通过强调人和自然界之间流动的物质力量，怀疑人在世界的特权地位，迅速地把人的特殊本性看作傲慢或唯心主义，是一种后现代品牌的唯物主义。"新唯物主义因此是不那么唯物主义的唯物主义。

第五章 伊格尔顿批评理论的融合建构

活力论唯物主义者在拒绝物质和精神的二分法上是正确的，但是为了给精神留下空间拒绝承认物质是钝性的、无感觉的。声称所有物质都是鲜活的，无异于将咖啡桌等同于人。而事实是男男女女既不能与物质世界分离，也不仅是一种物质，而且是一种特别种类的物质。人在物质世界中有一种独特的地位，并不是说是一种更高的地位。对于以德勒兹为代表的活力论唯物主义者，伊格尔顿认为是完全反唯物主义的。他们通过对思想的高度升华，最终驱除了人的生物性。

伊格尔顿对文化唯物主义并没有过多赘言，作为对传统的艺术社会学的政治化版本，文化唯物主义显然具有唯物主义的一面。但是在文化与社会的关系论述上，文化唯物主义过多地强调了文化的塑造作用，而对文化的本性却并没有给出应有的限定。文化唯物主义对当前政治形势有理论指导意义，却并不能完全满足当前的形势需要。

伊格尔顿同时提到了他所推崇的维特根斯坦的语义唯物主义，语义唯物主义肯定意义的物质基础，认为其是物质符号在一定的生活形式下运作的方式。在马克思的著作能够找到对此的回应，马克思在《德意志意识形态》(*The German Ideology*)中指出语言分解了物质和精神的界限。语言与意识一样来自需要，也就是实践。但是物质和意识的二元对立使这个问题沉到了水平面之下。

伊格尔顿从历史角度对历史唯物主义进行解析，指出历史唯物主义并不是一种本体论，并不断定一切都是由物质构成，上帝因此是荒谬的。历史唯物主义也不像辩证唯物主义希望的那样是一切事物的理论。历史唯物主义提出的是"一个相当谦逊的建议，认为阶级斗争及生产力和生产关系之间的冲突是划时代历史变革的动力，同时认为男男女女的物质活动是他们社会存在的根源。这个观点并不仅仅局限于马克思主义"，不奇怪与本雅明一样的犹太教徒和基督教解放神学的拥护者也具有同样的认识方式。"在理论上既相信无产阶级的全面胜利，又可以几小时地拜倒在圣母玛利亚的雕像前是可行的。认为物质是存在的，同时又相信大天使加百利（Gabriel）则不那么容易。"伊格尔顿在此指出了在历史观上马克思主义者和基督教徒达成共识的可能性和现实性。也就是说，作为一个历史唯物主义者，不一定要是一个无神论者。虽然他们大多数并不具有宗教信仰，但是他们显然没有意识到这两者之间并没有逻辑关系。

唯物主义是一个相当广义的概念，通过对各种唯物主义版本的分析，伊格尔顿提出了一种唯物主义："不是文化的、语义的、活力的、投机的、机械的或辩证的，它与历史唯物主义相关，但是并不同一。尚且没有明确的名称，身体的或人类学的唯物主义可能暂时可以拿来一用，但也不确切。"它重视人的动物性、实际活动和身体构成，这种唯物主义是对传统学科和理论中暗藏的物质身体的张扬。将物质的身体从历史的背景中推到前台，从根基上挑战惯常的思维，也是伊格尔顿社会无意识文化批评的实践。

伊格尔顿身体理论的逻辑是作为语言的身体。早在天主教左派时期，伊格尔顿就发出作为语言的身体的主张。受麦凯布的影响，伊格尔顿接受维特根斯坦的语言、生命形式等多种观点。但是与维特根斯坦不同之处在于，伊格尔顿强调身体的物质性，而不仅是实践性。如果精神或灵魂是人的生命意义所在，那么该意义并不在于精神或灵魂本身，而恰恰在于它们所要致力说明的物质的身体。也就是说，身体体现着精神，但是精神来自身体。身体的物质性因此是实践的前提。这种物质特性决定人的生命形式不可能是孤立进行的，必然存在与他人的互动之中。婴儿感觉到饥饿和潮湿时会大哭，却并不清楚饥饿和潮湿的概念。成人懂得这类概念，却不是因为学习过相关知识，并没有这样的知识，而是因为其身体被涵纳在一定的文化中。

伊格尔顿提出"身体是一种计划、一个意义的媒介，是世界构成的节点。它是一种动因模式，与彼此沟通和互动的形式，和他人在一起的方式，而不是

第五章　伊格尔顿批评理论的融合建构

仅仅陪伴在彼此身旁"。在这个意义上，身体作为一种语言，是与他人共存的基础，并不是以性别、阶级和种族等作为共存基础。与发音的、图式的语言不同，身体本身就具有表意功能，并不需要精神语言的介入。精神是生命的一种形式，并不是身体的构成和激活方式，而仅是对自身的构成和激活。在这个意义上，"獾的确也有灵魂"。身体之于自我，并不是占有的关系，精神也如此。如同单词的意义一样，身体就是自我的呈现。即使在很多复杂情况下，身体隐藏了很多文本内容。因为共同的身体，我们具有了沟通的基础，"而如果狮子会说话，我们也并不能懂得狮子的语言，因为我们与狮子具有不同的生命形式"。身体的自我表意功能，联合天然的动物本性，使思想的产生成为可能。这种思想与任何非动物性的思想截然不同，是道德的真正载体。

正因为身体使我们成为不同的人，"然而，使我们个体化的，也使我们聚集成为一个整体。具有一个人的身体，就是和我们同一种类的其他生物共享一种团结的形式"。身体理性既具有美学也具有政治意义。它所产生的不异于一种革命性的新总体性的概念，其中整体的法则或结构是感官各部分之间复杂的相互关系。这就是马克思在《共产党宣言》(The Communist Manifesto)中说到共产主义秩序将在促进所有人自由发展的同时，促进每个人的自由发展时所想的。因此，一个理想的合作共同体形象是任何组成部分或任何个体都是自我决定的，但是这种自我决定是建立在与所有其他个人的关系的基础上的。因此，社会主义不同于自由主义，美学不同于一些比较零碎或单一的话语。"社会主义的目标之一，就是还给身体被掠夺的力量，这样感觉才可以被允许变成自身。"

进入21世纪之后，经过近20年的理论逡巡，伊格尔顿提出了身体唯物主义，凸显人类生存和发展的物质前提，主张文化必须服从这个前提，并且文化的发展必须基于这个前提。身体是语言，不仅是意义的展示，而且是意义本身。身体使人们成为个体，但是也构成了团结的基础，资本主义物化和异化对身体是巨大的摧残，"要想重新赢回身体，必须改变政治"。

不管物质的身体这个概念今天有多么不时尚，但是对于身体的思考必须在这个语境之内。伊格尔顿并不避讳身体的物质性，但是他所谓的物质并不是后现代物质主义下的物质。伊格尔顿物质的身体基于亚里士多德的"形式质料说"，来自亚里士多德一脉相承的身体唯物主义道德谱系。亚里士多德在《形而上学》(Metaphysics)中着重讨论了"第一哲学"研究的对象问题时指出，"假如存在着不动的实体，那么应属于在先的第一哲学，在这里普遍就是第一性的。它思辨作为存在的存在、是什么及存在的东西的属性"，即研究世界的本原问题、一般和个别的关系问题。为此，亚里士多德提出了"实体说""四因论""形式质料说""潜能现实说"等。

亚里士多德认为实体是形成万物的基础，"那些把一和全体当成某种质料的自然及具有形体和大小的人，显然是大错特错了。……我说是火、水、土和气"，这表明了其朴素的唯物主义观点。为说明个体事物的存在和变化，亚里士多德提出了四因说。亚里士多德认为，事物是由四个原因而形成的，分别是质料因、形式因、动力因和目的因。有了这四个原因，事物才能产生、变化和发展。质料因是构成事物的最初基质、原料；形式因是事物的形式结构；动力因是使一定的质料取得一定的形式结构的力量；目的因是某一具体事物的形成所追求的目的。在四因说的基础上，亚里士多德又进一步把它们归结为质料和形式两种原因，而把动力因和目的因都归结到形式因中。这样他就用"形式质料说"来解释事物的发生和变化。一个事物的形成就是质料的形式化，以求达到其自身目的的过程。"因为活动就是目的，而现实就是活动，所以现实这个词就是由活动而来的，并且引申出完全实现。"他认为，在任何一个个体事物中，质料和形式是不能分离的。凡存在的个体必定是质料和形式的结合。质料和形式的关系就是潜能和现实的关系。质料还未具有形式的时候，它只是一种"潜能"；而当质料具有形式的时候，它就成为现实的东西了。从质料到形式的过程，就是从潜在的东西发展成为现实的东西

第五章 伊格尔顿批评理论的融合建构

的过程,这个过程就是运动。这些观点表明了亚里士多德的唯物主义倾向和辩证法思想。

在谈到质料和形式在事物中的地位和作用时,亚里士多德指出,质料本身是一种无形无状的原始基质,是消极被动的;而形式是决定事物存在和本质并推动事物运动的力量,它是积极、主动的。质料和形式的区别是相对的,一个具体事物,对它上一层事物来说是它的质料,对它下一层的事物来说就是它的形式。根据质料和形式的相对性原则,他推演出一个完全没有形式的"纯质料",以及完全没有质料的"纯形式"。在他看来,这种纯形式是永恒的、不动的第一推动者,是引起运动变化的"第一动因"。这个第一推动者就是神。神是万物的第一动因,并作为万物所追求的目的。亚里士多德关于第一推动者的观点,具有浓厚的唯心主义色彩。

亚里士多德强调感觉不能产生于自身,必须有对象先于感觉而存在,然后才能产生感觉。感觉之外的客观事物是第一性的,是引起感觉的原因、基础。在强调认识开始在感觉的前提下,亚里士多德重视理性思维在认识中的作用。他指出:"有技术的人比有经验的人更加智慧,因为智慧总是伴随着认识。"人们只有通过理性认识活动,才能了解事物的原因和本质。"有技术的人知道原因,有经验的人却不知道。有经验的人只知道其然,而不知道其所以然;有技术的人则知道其所以然,知道原因。"亚里士多德充分表现了摇摆在唯物主义和唯心主义、辩证法和形而上学之间的特征。他一方面强调个体事物的实在性,探讨了一般和个别、可能性和现实性、一与多的对立统一关系,表现了唯物主义倾向,并显露出辩证法的萌芽;另一方面,他又承认神是原始动因,并且在许多地方弄不清一般与个别、概念和感觉、本质和现象等的辩证关系,陷入唯心主义和形而上学的混乱中。

亚里士多德的形式质料说构成了伊格尔顿身体唯物主义的理论基础。伊格尔顿利用亚里士多德唯物的和辩证的一面,结合阿奎那、尼采、马克思、维特根斯坦的相关观点，说明身体如何构成了人类团结和共识的物质基础，梳理了一条自亚里士多德、阿奎那，到尼采、马克思，再到维特根斯坦的身体唯物主义传统。身体作为质料和形式的存在，首先是物质的，身体最终的客观化是死亡。阿奎纳拒绝用尸体这个词，他用遗体来代替。死亡的身体只是一种说法。"说乔治死了，就意味着他不在了。对亚里士多德和阿奎那来说，不在了意味着他的身体已不在，即使他的遗体还在。"尸体并不是乔治另外一种存在的方式，而根本就不是乔治的存在。强调事物文化构成的后现代主义对这种身体理论不屑一顾。亚里士多德、阿奎那、维特根斯坦都把精神视为身体的形式。物质的身体与其他物质的区别就在于，身体是一种"相当特别的一种物质——积极的、创造的、交流的、关系的、自我表达的、自我实现的、改造世界的和自我超越的。所有这一切不过都是人的精神"。我们的意识印刻在我们的身体上，就像意义呈现在单词中一样！在这个意义上，身体本身就是一种符号。情感和身体的表现有必然的联系。如果认为心灵或自我与身体截然不同，那么很容易就误认为它们为身体的无上的主宰。而把心灵视作身体的形式，则意味着我们不能以一种所有权的方式讨论它与身体的关系。"是自己的主宰，也意味着我们是自己的奴隶。"

维特根斯坦在《哲学研究》（Philosophical Investigations）中说，人类的身体是人类灵魂的最好的图画。他所说的是行动的身体，而不是作为物质对象的身体。对维特根斯坦来说，实践构成了身体，就像符号的意义在于它的用途一样。人的身体是一个项目，一个意向化的媒介，是世界构建的起点。这种特别的身体观在当今对于热衷呼唤人类差异和事物的文化构造性的辩护者来说是不受欢迎的。身体是我们与彼此相关联的不同方式的来源。身体还给予我们一个活动的场地，一个绝对不是外在于它的一个场地。马克思认为人的存在首先是身体的存在，意识是第二性的。人的身体不同于动物身体就在于人的身体通过劳动和交往创造了人类历史。在资本主义异化的世界中，解放被异

第五章 伊格尔顿批评理论的融合建构

化的身体是马克思主义的历史使命。马克思坚信身体和意识都处于奴役状态，都需要解放。因为身体的解放依赖意识的解放，所以马克思对意识和意识形态的关注要高于对身体的关注。但是马克思的社会主义绝不意味着放弃身体，身体和身体的活动是解放的物质前提。

在吸收和借鉴个体唯物主义身体理论的基础上，伊格尔顿的身体唯物主义体现的是内容和形式的统一。身体作为物质对象，在今天文化主义的时代并不流行。人作为物质对象与动物和事物的区别就在于，人是一种高度特别的类型，即人具有心灵。伊格尔顿为此区分了两种身体的交流方式。一种是"用身体表现"，即使用身体进行活动，如发邮件等；一种是"用身体呈现"，即共享一定的物质空间。如果一种活动不需要身体，那么这种活动也就不需要人来进行，所以"思考和喝水一样是肉体事件"。对阿奎那来说，我们所有部分都是动物，而不是只是从头部以下。同时，我们也是历史的、社会的、理性的动物，历史、文化、社会是生物性的特殊的模式，并不是超越生物性的方式。动物身体本身就具有一种自我超越性。心灵是描述一种特定的动物物种如何构成它的生活的独特方式。从心灵到身体之间并没有鸿沟。

身体与精神、心灵同属于生命形式，身体的智慧就在于实现更好的生活，而这种方式是道德。伊格尔顿指出维特根斯坦的激进性的表现，即对于日常生活的尊重。这在学者中尤其在今日的左派中都不常见。社会主义思想需要在肯定和否定日常生活之间保持一个必要的张力。当前的大批的左派学者通常诋毁日常生活，巴迪欧就是其中之一。维特根斯坦说，在语言游戏的底层是我们的行动。这是维特根斯坦版本的社会存在决定社会意识，语言与生活密不可分。生命形式是给予的。追求幸福和福祉是所有人类活动的最终目的。为了实现这个目的，人必须面对现实，努力认清真实的形势，超越自己的自恋和自利。这需要坚持、耐心、足智多谋、诚实、谦逊，道德就是一种客观性的品德。

在过一个有德性的生活中，艺术的作用在于解放人的感觉，阿奎那和马克

· 171 ·

思的共同之处，在于以实践和审美来对抗工具论。人的身体使人能够用劳动来改造世界。

　　社会主义的目的之一就是返还给身体被掠夺的力量，使之能够恢复感觉自身。最普遍的唯物主义的含义——对物质产品的过度在意，与物质性是敌意的。如果我们要去除现在身处的社会秩序，那么主要是因为我们不能灵敏地使用我们本来应有的嗅觉、味觉和触觉。❶

　　强调物质性的目的就是为了反对工具理性，回到人类最初的感觉和经验，破除一切社会历史文化附加值，这就是马克思主义文化理论的物质基础。

　　马克思从身体唯物主义转向了历史唯物主义，开创了一个自己新的唯物主义。伊格尔顿回到了身体，是对后现代主义身体理论的正面对抗。他回溯马克思主义唯物主义本源，将身体唯物主义从历史的横截面中剖出，给今天后现代主义文化异化下的身体以深深一击。无论人类发展到如何程度，人的身体始终是物质的。身体具备自我言说的功能，人类解放需要首先解除身体与异化世界之间的关系，使人的身体和精神不再被视为敌对。在人类追求自我超越的过程中，最终会实现身心辩证统一和身体的自治。

　　伊格尔顿的身体唯物主义在西方学术界引起了不同的回声。评论者杰夫·雷（Jeff Ray）对之进行了无情批判："说它是懒惰可能都是虚伪。《唯物主义》（Materialism）中所缺乏的并不是对学术史快照的一种全面发展，而是缺乏一种真正和迫切的目的。"克雷格·福德（Craig A. Ford）盛赞伊格尔顿："同时书写了哲学、文化研究和认识论绝对不是一个小奇迹，对我们当前后时代和后结构时代结合在一起的三个领域构建了一个辩论式干预。……这种将阿

---

❶ Terry Eagleton. On Evil [M]. New Haven：Yale University Press, 2010：80.

奎那到维特根斯坦的谱系与后现代时代相连的可行性，赋予该书以紧迫性。"❶ 评论界截然不同的反响反映了不同的视角和阶级立场。伊格尔顿所挑起的这个论战显然具有深刻的意义和价值。

　　文化理论以建立在历史唯物主义和辩证唯物主义基础上的身体唯物主义为载体，指向共同文化，彰显了文化繁荣的前提和基础。物质的身体先于作为文化构成的身体，伊格尔顿将身体作为连接共同的情感和经验的纽带，强调文化理论的物质前提，使伊格尔顿超越威廉斯的文化唯物主义，开辟自己的理论路线，为马克思主义文化理论添加重要的理论依据。

---

❶ Craig A. Ford，Materialism [EB/OL]. [2023-06-22]. Catholic Book Review. http：//www.catholicbooksreview. org/2017/eagleton.html. 2017/04.

第六章　对伊格尔顿理论的思考

伊格尔顿对马克思主义文化理论的贡献是具体的，他重新评价了英国文学批评传统，定义了批评家的功能，以一种策略主义的立场从事马克思主义批评家的实践。

第一节　伊格尔顿批评理论的表征

一、辩证性和话语性的统一

"理论之后"伊格尔顿的理论主张主要表现为对文化理论"危机"的应对。从这一反映视角出发，伊格尔顿能够充分认识文化批评的矛盾性和复杂性，坚持运用历史唯物主义与辩证唯物主义，抽丝剥茧地对文化及其表现形式进行分析和批判。伊格尔顿虽然痛斥后现代主义，但并不是提倡一种完全与后现代主义相反的理论，而是采取一种更加开放、更加多元的观点和方法，指出后现代主义的本质，即它并不像表面上那么后现代。这种思维方式与它所反对的自由主义并没有什么实质区别。反过来，自由主义也并不是完全一无是处，在其非理性表现下仍可以发现合理的一面。社会主义从某种程度上就是对自由主义和社群主义的解构。

从整体上看待事物及辩证地进行文学文化批评，是伊格尔顿的主要特点。究其原因，伊格尔顿自始至终都坚守马克思主义。在辩证唯物主义和历史唯物主义的指引下，他批判地看待问题、分析问题和提出解决方案。

第六章　对伊格尔顿理论的思考

在其漫长的学术生涯中，出于对激进左派政治斗争形势的高度警觉，伊格尔顿多次提到"危机"。20 世纪 80 年代，在其政治批评宣言之后，伊格尔顿就转而论述"批评机制的危机"。

只要批评机制本身被认为没有问题，批评家就可以安心写作。一旦这个机制受到根本性质疑，个体的批评行为就会变得不安并自我怀疑。今天，这种行为明显持续存在所有传统上自信的领域，这个事实毋庸置疑是批评机制的危机，或者没有得到足够认识，或者被主动地规避了。❶

为此，伊格尔顿强调"批评的社会功能"，为政治批评做了进一步注解，即透过"公共空间"这个概念，指出批评除了在学术机构内部进行文化批判外，还应该承担起实质的社会批评作用。

因为很明显，如果对这种政治权力部署、加强和抵抗，时而颠覆的象征过程，没有更深刻的理解，我们就不能解开当前所面对的最致命的权力斗争问题。现代批评诞生在对抗专制国家的斗争之中，除非它的未来现在被定义为反资本主义国家的斗争，否则它就根本没有未来。❷

伊格尔顿的文化批评，始终直接指向资本主义制度、资本主义国家及其权力内化象征实践，特别是资本主义文化这个最宏大的象征实践。伊格尔顿全部理论都着眼于此、针对于此——对资本主义社会现实的揭露和批判。21 世纪伊格尔顿理论展现的所谓"完整的循环"同样是这个整体观的一部分。

---

❶ Terry Eagleton. The Function of Criticism [M]. London：Verso. 1984. Preface.
❷ Ibid. 124.

伊格尔顿试图要唤醒的并不仅是文化政治左派，当然左派在后现代大潮中的迷失是令他最痛心的，伊格尔顿的主要目的在于促进团结，建立一个社会主义的话语空间，以思想解放的无产者和劳动者为主体，包括任何具有社会主义政治思想的激进者、政治左派及觉醒的右派，以引发社会主义革命的可能性。马克思认为，社会主义革命是资产阶级内部矛盾发展的必然结果。伊格尔顿对集体政治运动衰落的慨叹，不难理解是对无产阶级暴力革命在世界范围内低迷的痛心。他对团结和共识、话语空间的重视，表现了树立马克思主义文化理论的自觉。

因此，伊格尔顿的批评理论首要的特征是辩证性。"辩证思维是伊格尔顿作品中经常被忽视的方面，伊格尔顿的理论马克思主义是全面自我反省、自我修正的。"[1]伊格尔顿的辩证整体观赋予他以敏锐和洞察。他热衷挖掘概念的词源史，对人们习以为常之事进行思辨，揭示思维的误区及其导致的后果。这种对概念的批判占据他理论的主体，无论是从政治、形而上视角对什么是文学进行的反复论证，还是对意识形态、文化、悲剧、唯物主义、希望的社会、历史和哲学进行考察，他都牢牢地抓住观念的形成过程，抽丝剥茧、正反对照，恢复概念的本来面目，给予当前后现代文化惯性思维以痛击。

然而，伊格尔顿的整体观也使他很难深入地探讨一个具体问题，这导致他的很多著作都是介绍性的读物。这一点经常受到学术界的批判。但是，必须认识到，这些介绍性、入门型读物同样是伊格尔顿文化理论计划的组成部分，反映了伊格尔顿对于理论普及的重视和对广大人民群众的信心，以及对马克思主义文化理论的身体力行。伊格尔顿多次直言不讳他要对理论进行普及化，这与他对社会主义革命的理解息息相关。

---

[1] Julian W. Introducing Criticism in the 21st Century [M]. Edinburgh：Edinburgh University Press, 2015：90.

第六章　对伊格尔顿理论的思考

作为经典的马克思主义者，伊格尔顿尊重经济社会发展的规律，认为社会主义只有在经济获得充分发展的条件下才能实现，违背这个规律，就会受到历史的惩罚。当前，晚期资本主义距离彻底走向衰落还有漫长的过程。某些时候，它还会极具蒙蔽性和蛊惑性。激进政治陷入了后现代资本主义所编织的文化革命的陷阱，而这个文化本身就是资本主义社会构成的中心。如果不能认识到这一点，革命的到来就会无限延长。在左派面临重要的历史任务的时刻，伊格尔顿号召批评家担起社会责任，走出书斋，团结最广大的群众，传播有效的思想，将共识的种子深深植根在大众中。有学者指出："伊格尔顿的工作之所以成功，是因为它激发了人们批判性地思考那些被排除在外的概念，并在一个日益动荡的社会中推动新的'真理'。这个社会已被打着'自由市场'的资本主义和反恐战争幌子的新帝国主义和新殖民主义的邪恶所玷污。"[1]"文学理论是由民主的推动力而不是精英主义的推动力所塑造的。就此而言，如果它陷入过分的晦涩难懂，那它就是不忠于自己的历史出身。"[2]伊格尔顿在资本主义阵营内部呼号奔走、针砭时弊。如果说他受到了对手最大的攻击，那么他应该赢得他所看重的普通读者的最大尊重。这种对文学和文学理论批判性和其群众基础的高度强调是值得我们学习的地方。

伊格尔顿批评理论的另一大特征是对话语而不是语言的重视。伊格尔顿并不致力创立某种理论或流派，而是在对各体理论的反思和对话中发展理论和思维。在他看来，这个世界并不缺少理论，而缺少适时反思。受20世纪60~70年代天主教左派运动的影响，对话语的运用从一开始就深深地植入在伊格尔顿的理论中，同时也契合了马克思主义的现代发展之路。"1918年以来，西方马克思主义鲜明特征就是与各种唯心主义潮流的共生和对话。"[3]20世纪70年代

---

[1] Jordan Camp. Four Views on After Theory [J]. Humboldt Journal of Social Relations，2004，28（2）：153.

[2] Eagleton T. Literary Theory：an Introduction [M]. Cambridge，Mass：Blackwell，1996：viii.

[3] Anderson P. Socialism and Pseudo-Empiricism [J]. New Left Review，1966，35（2）：25.

末，伊格尔顿转向马克思主义文本科学，在《批评与意识形态》之中明确提出批评产生的要素和其他话语的必要性。

> 在构建批评的历史时，我们不是在追溯一个线性的、不规则的、历史过程的剥落物：我们要解决的是批评的历史，就要先寻找造就了这样一个对象出现的特殊历史"空间"的决定因素，以及是什么决定它和其他同步话语的关系。……推动这种实践自我反省的并不仅仅是一种内部的压力，而是它所构建的与其他临近话语之间复杂的一致性。❶

可见，从树立马克思主义批评思想伊始，伊格尔顿就注意到并重视批评话语与其他话语之间的关系和一致性。伊格尔顿的批评话语建立在意识形态话语理论基础上。意识形态是一种统治阶级操控的权力话语，对意识形态的理解必须在这个框架之内进行解码，否则就会产生失真，不能正确地理解意识形态负载下的社会现实。

> （各体话语）它们产生在历史决定的自我反省空间。在这个空间中，它们彼此的共同发生标志着知识的可能对象，因此控制着一种意识形态构成。必须指出，这并不是要将所有这些实践都简化为意识形态……而是一种科学的话语产物，产生于意识形态内部，并且在意识形态构成之内发挥它的作用。❷

占主导地位的意识形态由相对连贯的一套话语构成，确保人们对"现实"的认识有助于主导社会关系的再生产。文本的作用是加强意识形态，但是在这

---

❶ Eagleton T. Criticism and Ideology : a Study in Marxist Literary Theory [M]. London : Verso，1978 : 17.

❷ Ibid. 18-19.

样做的过程中留下了空白或中空的部分，因此在显和隐的双重作用之下，反而使我们从产生这种话语的意识形态之中"解放"出来。文学话语的作用就是要阐释这个未被言说的文本。各领域的话语以各自的方式在诉说着一个相同的现实，背后同样是一个欲盖弥彰的事实。伊格尔顿对文本科学，或者说一种科学话语的追求是其批评事业的正式起点。

二、策略立场下批评的批评

20世纪70年代末，激进政治低潮使伊格尔顿意识到了革命的复杂性和曲折性，也使他认识到大众革命实践的重要性。而经典的马克思主义批评拘泥于学术机构内部，远离革命实践，太马克思主义、太美学化，导致政治上无效。为了解决批评的危机，伊格尔顿采取了一种冷静的态度。他认为马克思主义批评应该走出书斋，更加社会主义，更加政治化。正是在这种思想背景下，伊格尔顿转向了本雅明和布莱希特，在先锋派的资源中寻找继续革命的可能性。在与本雅明思想的碰撞中，伊格尔顿提出了一种超越批评的批评，将社会主义革命实践和政治活动与马克思主义美学相连接，打破马克思主义美学家与大众之间的疏离，采取多种方法用文学来干预和改造社会。伊格尔顿重新审视文学批评的目的，意图打造一个建立在后结构主义、女性主义、心理分析等新兴思潮上的政治化的批评。正如他本人所言："这是在低潮时期尽可能多地寻找办法的一个尝试。"[1] 伊格尔顿对本雅明的推崇也不足为奇。本雅明在西方马克思主义传统中具有独特的地位，他的理论包含了文化批评、历史唯物主义和犹太弥赛亚思想等，均与伊格尔顿的思想不谋而合。伊格尔顿转向本雅明是激进政治形势的影响和个人精神发展的必然结果。

---

[1] 马博特伊.批评家的任务——与特里·伊格尔顿的对话[M].王杰,贾洁,译.北京:北京大学出版社,2014:157.

这一切的先兆在 1979 年爱丁堡边缘艺术节上演出的《布莱希特与剧团》（*Brecht and Company*）中已有明显的表现。在这部实验戏剧中，伊格尔顿尝试融合批评写作与戏剧写作，以蒙太奇式的方法描绘布莱希特的革命戏剧创作，但是他的目的并不是表现人物和情节，而是通过布莱希特在恶劣的政治环境下的戏剧追求来提出批评效果的问题。它们是"社会主义文化理论和文化实践的关系，两者与革命政治的相关性，知识生产技巧及舞台和戏剧的政治功用等"❶。在这个时期，伊格尔顿大量引用本雅明来超越学理化的马克思主义批评，提出了以"论战式"和"利用式"为核心的批评观。"首先，马克思主义批评家要揭露非社会主义作品所产生的政治上不良效果下的修辞结构，阐释这些作品可能存在的异见，然后利用其所能利用之处为社会主义服务。"❷ 论战式的批评即传统的意识形态批评，是马克思主义批评家主要的批评手段；而利用式批评则是一种更新的批评思维，批评家不再关注文学文本的真实含义，而是要故意地将意义与文本的意图方向相扭曲，以达到揭露文本意识形态负载的目的。这种批评构成了伊格尔顿策略批评的基础。

　　伊格尔顿的批评策略与他的论战式和功用式批评思想密不可分，或者说相辅相成。他始终强调批评话语的策略，后期更是把策略作为一切事物的理论，这本身就是一种策略。如果不从策略角度去理解伊格尔顿，对他的态度就很容易陷入欢呼或者反对两大阵营。而两者都不是伊格尔顿想要看到的效果。在研究悲剧概念的激进政治意义时，伊格尔顿曾指出他所提出的这些方面并不是最主要的，并且与悲剧概念的其他方面甚至是互相矛盾的，但是他的目的在于反击过度化的文化主义和历史主义。因此，他"灵

---

❶ Eagleton T. Walter Benjamin：or, Towards a Revolutionary Criticism [M]. New York：Verso, 1981：Preface.

❷ Forgacs D. Walter Benjamin or Towards a Revolutionary Criticism [J]. Poetics Today, 1983, 1（4）：183-186, 18.

第六章　对伊格尔顿理论的思考

活地和机会主义地"❶利用了这一概念。批评的策略始终是他审视问题的出发点。

  马克思主义在政治目的上和后现代多元主义截然不同，但是马克思主义批评方法应该更加多元，实现其政治目的可以有全方位的理论和政治策略，其有效性并不应该从绝对化和内在化方面进行评估，而是应该从他们能实现什么效果的角度进行。❷

伊格尔顿在"理论之后"的文化理论追寻直指生存实践的更大范围、更深层次的反思，在宗教、伦理、哲学和精神分析等学科体系的映照下，纵横捭阖历史传统和社会现实，彰显文化理论应该面对的时代课题——重新审视自身，全球性地思考，打破虚假的未来镜像。

  社会主义从某种程度上代表着我们与现在的决裂。历史必须被打破重写——这并不是因为社会主义者都是喜爱革命胜过改革的，对温和的建议充耳不闻，而是因为沉疴深重，必须下猛药以根治。……作为社会主义者，你必须时刻准备着详细阐明如何才能实现这一目标和实现这一目标依靠什么样的制度。❸

在策略的立场上，"理论之后"伊格尔顿的各种话语转向或回归，无论是神学的、哲学的、伦理的，还是文学的，都是自成一体的。一切如他自己

---

❶ Terry Eagleton. The Function of Criticism [M]. London：Verso，1984：Preface.
❷ Eagleton T. Myths of Power：a Marxist Study of the Brontës [M]. New York：Palgrave Macmillan，2005：xxiv.
❸ 特里·伊格尔顿. 马克思为什么是对的 [M]. 李杨，任文科，郑义，译. 重庆：重庆出版社，2017：75-76.

所说："决定你的策略并不能预先决定哪种方法和研究对象是最有价值的。就研究对象而言，你决定要研究什么主要取决于实际情况。"❶ 在这里，伊格尔顿谈论的是方法选择问题，也就是形式问题，而不是一个内容的问题。这使伊格尔顿的批评实践构成了逻辑上的统一。

伊格尔顿经常将理论与批评混用，并不对这两个概念做明确的区分，这与他注重概念史有着明显的矛盾。究其原因，一方面概因理论与批评本身已经紧密地结合，不可分割；另一方面，则源于他自身理论的多元性。正如他批评后现代主义并没有表面上那么多元，他倡导真正的多元主义，对一切有利于理论和实践的观念进行吸收和利用。理论与批评的互相涵纳和交错，使他更加灵活地运用批评理论这个武器。例如，韦勒克（René Wellek）在《近代文学批评史》（*A History of Modern Criticism*）对批评广泛地定义：

不仅是对个别作品和作者的评论、明断的批评、实用批评，文学趣味的征象，而且主要是指迄今为止有关文学的原理和理论，文学的本质、创作、功能、影响，文学与人类其他活动的关系，文学的种类、手段和技巧，文学的起源和历史这些方面的思想。❷

诚如韦勒克所言，批评几乎涵盖了文学的方方面面，而伊格尔顿则一直高度重视批评。他对批评的历史进行了追溯，指出现代批评起源于资产阶级运动，在资产阶级争取政治权力和获得独立自主过程中发挥了不可忽视的作用，批评的社会功能始终是其基本的功能。"当代批评缺乏实质的社会功能，或者是文学产业的一个公共关系分支，或者完全处于学术圈内部。"❸ 伊格尔顿的

---

❶ Eagleton T. Literary Theory : an Introduction [M]. Cambridge, Mass : Blackwell, 1996 : 183.

❷ 韦勒克. 近代文学批评史：第1卷 [M]. 上海：上海译文出版社, 1987 : 1.

❸ Eagleton T. The Function of Criticism [M]. London : Verso, 1984 : 7.

第六章 对伊格尔顿理论的思考

目标就是恢复批评的本来面目。理论必须反省人类自身的生存处境，批评则反其道而为之，从对理论的批评中指向人类的未来。

伊格尔顿批判的主要对象集中在后现代文化理论之上，文化理论作为"后理论"时代少有的仍在向前发展的理论流派之一。它最初的文化概念已经被后现代消费文化暗中替代，文化理论的执迷不悟是当前社会主义政治革命最大的障碍。如果文化理论继续与后现代主义交错，就会将尚不可见的未来延后。伊格尔顿从一个20世纪的激进政治左派，以一个忧心忡忡的预言家形象进入21世纪。他突然的理论转向或回归绝不是黔驴技穷，而是出于更大程度的责任心和使命感。

"理论之后"伊格尔顿的文化理论经历了一个迂回发展的过程。从神学到文学再到身体唯物主义，通过话语的不停转换，伊格尔顿试图证实，虽然塑造文化理论的政治历史阶段已经结束，但是只要反资本主义斗争仍然持续，文化理论就需要继续自己的历史使命。文化理论和传统的左派政治并没有一个历史的鸿沟。"西方马克思主义转向文化部分是出于政治上的无能和幻灭"[1]，而马克思主义并非从未关注过文化和其他后现代盛行的话题。但是与这些话题相比，马克思主义作为一个跨越世纪和大陆的政治运动，更注重的是人类的前途和命运。文化理论的过度文化转向带来的不仅是自身的危机，更是对男男女女为之奋斗并牺牲的政治信仰的一种背弃，因此文化理论必须首先要审视自身。

伊格尔顿遵循福柯的权力话语理论，致力于"彻底暴露两者（知识和权力）之间的紧密联系，这就是伊格尔顿思想的独特性和价值性所在"[2]。伊格尔顿

---

[1] Eagleton T. After Theory [M]. New York：Basic Books，2003：31.
[2] 伊格尔顿围绕意识形态问题所展开的研究 [M]// 陈学明. 20世纪西方马克思主义哲学历程（第4卷）：20世纪末21世纪初马克思主义哲学研究的全面复兴与各种马克思主义哲学流派的新发展 [M]. 天津：天津人民出版社，2013.

的文化理论因此蕴含着对文化政治的批判。文化和政治本来就是同义重复，"重要的当然是你的政治而不是你怎么隔分它"❶。这也是他采用其他政治替代话语的一个动因之一，并非要抛弃文化政治话语，而是要在其他政治话语的映照下，还原其本来面目。

伊格尔顿的文化理论从根本上看是传统的，他也号召要回到传统，在历史的经验中汲取力量。他并不急于也无意去发展出自己的一套理论，而是对各种理论进行思辨，特别是对当代的文学和文化理论进行剖析。因此，伊格尔顿的文化理论呈现为一种批评理论，即对批评的批评。伊格尔顿将矛头指向批评理论，特别是文化批评，分外重视批评家的任务和职责，是基于马克思主义立场加强对批评本质和功能的思考，最终引发规模化的社会主义政治批评实践。

第二节　伊格尔顿理论的现实意义

伊格尔顿充分认识政治在当代世界的绝对中心地位，作为贫苦的工人阶级的后代，他相信大多数生活背后的指导原则："给定的""习以为常的""纯粹的历史惯性""出身和环境"，而不是后现代主义所信奉的"建构的""创造的"和"自我塑造"。伊格尔顿以一种自然主义的基调，认为穷人们很难摆脱自己的出身，阶级差别如鸿沟横跨在工人阶级和资产阶级之间。在面对现状时，永久改变、流动、可塑性等激进理想主要是个幻想。事实上，只有资产阶级才设想这一切都会成为可能，而社会主义以更加谦逊、唯物主义的方式承认遗传和环境的沉重负载。

对于马克思来说，社会主义要成为现实，工人阶级必须将之付诸实践，人

---

❶ Eagleton T. After Theory [M]. New York : Basic Books, 2003 : 36.

第六章　对伊格尔顿理论的思考

性需要先进行变革是一个不可回避的问题。伊格尔顿带着工人阶级学者的敏感、自尊和责任感，投入了反抗资本主义的斗争实践中。与资产阶级学者对思想的不屑一顾截然相反，他相信思想中蕴含的革命力量，因此他充分揭示并利用"话语"，致力将其打造成真正的革命武器。伊格尔顿所谓的"理论之后"并不是反理论或者去理论，而是召唤"新的"理论思维，或者说是一种针对当前形势，符合历史发展规律的科学思维方式。这种新的思维方式只有而且只能是马克思主义。当今世界，文化作为神学的替代，一家独大，而马克思主义与神学在当代世界中同处于边缘化地带。以神学和马克思主义共同的解放学说为主要内容，伊格尔顿转向神学，用神学话语诉说着政治诉求。他视耶稣殉难的故事为革命的隐喻，而耶稣之死昭示这个世界必须被彻底弃绝。这种学说不是悲观主义，而是冷静现实主义，同马克思主义一样，构成社会主义政治发生的思想基础。

  伊格尔顿的神学转向，就是打破现实，将赤裸的真相揭示给人们看。从这个角度看，他的文化理论脉络十分清晰，即以历史和现实为依据和主要文本，以马克思主义信仰为核心，以文化为主体，以神学、形而上学、伦理学、心理分析等为辅助，揭露并反对资本主义制度，集结社会主义政治革命力量。"简单地将伊格尔顿描述为一个'马克思主义文学理论家'的标签似乎过于简洁，具有削弱了伊格尔顿作品的多样性和广度的风险。"❶ 在文化左派大多转向后马克思主义时，伊格尔顿采取跨学科视野，将马克思主义与传统思想和现实进行对照和交汇，坚守经典马克思主义阵地，以一种与时俱进的开拓精神深化马克思主义，强化了其时代相关性，证明马克思主义的不可或缺性。这种对于经典马克思主义的坚守成为伊格尔顿文化理论最突出的特色。

---

❶ Smith J. Terry Eagleton [M]. Cambridge：Polity，2008：2.

如果说马克思主义始终是其思考的前提和背景的话，伊格尔顿的马克思主义视角和策略观使他得以自由地在文化、宗教和文学等领域之间游走。在这个过程中，伊格尔顿对所谓的"书写的世界"和"未被书写的世界"未作区分。"这是一种混淆，要么是真正的方法论错误，要么是作为一项总体政治战略的一部分，有意模糊这种区别的产物。"❶将文学理论扩展到文化理论，再扩展到神学，伊格尔顿一贯采取的仍然是文学文本分析方法。例如，在论述邪恶时，以威廉·戈尔丁（William Golding）的《品彻·马丁》（*Pincher Martin*）为例来进行解析，在讨论恐怖时，多次提到托曼斯·曼（Thomas Mann）的作品。伊格尔顿在此表现出了一贯的矛盾：对基本概念分析的痴狂和对概念应用的语焉不详。例如，他对文学、文化、意识形态、上帝、恐怖、邪恶、苦难、道德、希望、爱和牺牲等一些基本概念的内涵、外延细致地、反复地进行词源学考察和甄别，但是对这些概念之间的关系和如何作用于实践等问题却有意无意地回避。只在各处散见的作家作品分析中略见一斑。即使是在《如何读诗》《如何阅读文学》等作品出版后，也无法使读者切实地把握他理论中的实践线索。缺乏这种有效的政治实践手段或许受到伊格尔顿文学理论家身份的限制，但是同时或许也表现了其修辞批评的要点，即以论点要实现特定的效果作为评价的第一标准而非其他。

虽然伊格尔顿对马克思主义文化理论政治实践方式的论述显得匮乏，甚至有些空洞，但是借助神学话语，他也为我们提供了一种以爱为核心的伦理道德，值得新时代深入思考。伊格尔顿根据基督教教义教导"爱是一种实践而不是一种心境"❷，并号召一种耶稣自我献祭式的"激进的牺牲"。"我们所

---

❶ Stow S. Republic of Readers?: the Literary Turn in Political Thought and Analysis [M]. Albany: State University of New York Press, 2007: 99.

❷ Eagleton T. The Meaning of Life: a Very Short Introduction [M]. Oxford: Oxford University Press, 2008: 95.

第六章　对伊格尔顿理论的思考

谓的爱是我们调和追求自我实现与我们是社会动物这一事实之间的方式。因为爱意味着为他人创造可能获得繁荣的空间，同时他也在为你这样做。"❶ 伊格尔顿爱的伦理与其政治实践互为一体。他相信马克思主义的解放学说，并大半生为之奔走呼号，其精神本身就是爱的体现。为他人创造爱的空间是一个渐进的过程，需要许多代人的努力，但是它不是一个理想，而是一个未来的现实。这种对不可见的未来的信仰，正是伊格尔顿所言之"非乐观主义的希望"。

如果说爱是伊格尔顿提出的解决方案的话，虽然会使对其充满期待的人略为失望，但是爱作为最普遍、最寻常也是最现实的实践行为，是"我们成为彼此自我实现的契机"❷。"对一个现实形势保持开放是一种无私关注的体现，而一种对喧闹的自我之外的无私关注，在传统上就被称为爱。"❸ 爱和理性、信仰是互为一体的。"理论之后"伊格尔顿神学转向和文学转向等批评轨迹体现着对社会主义事业的执着追求和作为文学批评家的历史使命和职责，是无私的爱的充分体现。伊格尔顿对马克思主义文化理论的贡献是不容置疑的。伊恩·伯查尔（Ian Birchall）在20世纪80年代曾经评论道："伊格尔顿是位献身于革命的社会主义者；对他来说，马克思主义远非一组抽象的概念。他或许尚未成功地使理论与实践统一起来，但人们至少可以觉察到他正为此而感到苦恼。"❹ 如果说伊格尔顿曾经对马克思主义文学、文化理论如何与批评实践相结合还在摸索之中，近40年之后，在对"理论之后"的理论探索过程中，伊格尔顿已经形成了自己对立统一的、开放的、发展的理论体系。他被评价：

---

❶ Eagleton T. The Meaning of Life : a Very Short Introduction [M]. Oxford : Oxford University Press，2008：97.
❷ Eagleton T. After Theory [M]. New York : Basic Books，2003：122.
❸ Eagleton T. Materialism [M]. Cumberland : Yale University Press，2017：56.
❹ 伊恩·伯查尔. 伊格尔顿与马克思主义文学批评 [J]. 戴侃，译. 国外社会科学，1983（1）：33-37.

他是我们时代最伟大、最博学的人，非常活跃并且多产，他在学术界的影响是广泛的。他真诚地投身于工人阶级和被殖民的民族，如爱尔兰人。随着斯大林主义暗夜的结束及表现资本主义不稳根基的亚洲危机，马克思主义重现了列宁所称的马克思主义理论产物的政治进步。在逼近的危机之中，在构建新的文化和代表社会主义新人之中，伊格尔顿起到了一个重要的作用。❶

总体上，"理论之后"的伊格尔顿文化理论内容繁杂、体现着鲜明的时代精神，具有重要的方法论价值和意义。伊格尔顿善于比较不同学科、不同思想家的理论，通过辨析来巩固和加强自己的论点。在伊格尔顿的作品中，亚里士多德、阿奎那、马克思、维特根斯坦、弗洛伊德等互相替换、互相说明，通过不同的视角对同一个问题进行了各方陈述。无论是强调伊格尔顿的哲学转向、伦理转向、神学转向还是文学转向，都只是注意到了他理论的某一方面。对伊格尔顿文化理论的考察，必须对其个人生活和政治、文化、文学理论与实践进行整体分析。伊格尔顿理论的政治高浓度使他不能安于一个纯文学理论家，马克思主义者的身份底色也使他不能像其他批评家一样仅仅把文学方法应用于政治。伊格尔顿的"在场性"是非常明显的，甚至近乎亦步亦趋地追随理论发展，这与他的策略观是统一的。伊格尔顿永远不会做一个旁观者，永远都在主动地开疆辟土，拓展连接理论与现实生活的场景。喧宾夺主的标题"理论之后"背后，平静而笃定的那句"我们永远不可能在理论之后"引起的关注并不多，人们只记住了他所声称的"理论的黄金时代已经过去，理论大师都已经不在"。无论如何，依赖理论而生存的伊格尔顿绝不会成为某种"终结论"的一分子，就像他曾经宣布过"文学之死""修辞之死""批评之死"一样，高调背后，也正表明了伊格尔顿是它们坚定的守护者。

---

❶ Paananen V N. British Marxist Criticism [M]. Oxfordshire：Taylor and Francis，2000：293.

第六章　对伊格尔顿理论的思考

伊格尔顿虽然受天主教出身传统的影响，经常并乐于运用神学、形而上学等替代性话语来进行革命的阐释，但是伊格尔顿反资本主义的社会主义政治战略是建立在历史唯物主义和辩证唯物主义基础之上的，是伊格尔顿理解、运用、发展当代马克思主义的重要理论成果。通过将激进政治引向本体论的思考，伊格尔顿坚持了文学批评的政治传统，有助于强化文化左派的责任感和历史使命，加强抵抗晚期资本主义文化渗透；伊格尔顿强调信仰、希望、爱等德性的基本价值，为社会主义文化理论建设提供了实践武器，并提出了一种可能的方向。伊格尔顿的文化理论因此在增强文化左派、无产阶级自我意识，树立自信心，维护、发扬传统，扎根社会主义政治实践等方面，起到了不可替代的指导作用。

伊格尔顿将马克思主义与传统经典思想相类比，从多学科视角来观察资本主义社会，以异于常人的敏锐，引发对当前批评现状危机的深刻认识。同时，他着眼于未来的解放前景，针对以美国为首的晚期资本主义社会，聚焦全球受剥削阶级的生存现状，指出了马克思主义文化理论的科学性、时代性和现实紧迫性。他在唯物史观指导下对文化和文化自大地分析，将马克思主义与神学、伦理学、心理学等多学科进行融合思考，对团结和共识、以爱为核心的价值观的强调、对社会主义革命的信念等，对于我们树立社会主义核心价值观、加强集体主义精神、坚持社会主义精神文明建设等中国特色社会主义理论具有十分重要的启发意义。

伊格尔顿马克思主义文化理论的缺陷也是十分明显的。伊格尔顿并没有高度认识到无产阶级在反资本主义斗争中的主体作用，仍然停留在对民众进行教化的阶段，他的文化理论建设缺少最关键的无产阶级领导权一环。同时，他并没有看到以中国为代表的社会主义国家在经济和文化建设上所取得的成就，没有意识到马克思主义政党对文化发展的主导作用，仅仅将希望寄托在修辞批评功能复兴，以及多学科融合所带来的"新思维"上，没有对社会主义革命实践、先进文化方向进行实质性探索。作为身处资本主义世界的马克思主义文化理论家，这种既在其中又不在其中的位置，赋予了伊格尔顿批判资本主义的即时性，但也一定程度上束缚了其眼光和视角，使其沾染了资本主义理论家的偏狭和偏见。对于伊格尔顿文化理论，我们要从当今时代发展的新形势和新特点出发，研究其对资本主义社会的分析和批判，探讨其思路的价值和策略的有效性，自觉地加强对马克思主义文化理论的研究，以及对社会主义文化理论的创新，推动中国特色社会主义文化理论的发展。

参考文献

一、中文参考文献

[1] 福山著. 历史的终结与最后一人 [M]. 黄胜强，等译. 北京：中国社会科学出版社. 2003.

[2] 乔治·斯坦纳. 悲剧之死 [M]. 陈军，昀侠，译. 杭州：浙江工商大学出版社，2018.

[3] 塞缪尔·亨廷顿. 文明的冲突与世界秩序的重建 [M]. 北京：新华出版社，2010.

[4] 吉亚尼·瓦蒂莫著. 朝向一种非宗教的基督教 [M]. 涂智进，译. // 杨慧林. 基督教文化学刊（第35辑）. 北京：宗教文化出版社，2016.

[5] 北河，木华. 20世纪中外散文经典评点珍藏本（下）[M]. 长春：时代文艺出版社，1997.

[6] 曹雅欣. 国学与社会主义核心价值观 [M]. 北京：光明日报出版社，2015.

[7] 查尔斯·泰勒. 世俗时代 [M]. 上海：上海三联书店，2016.

[8] 常耀信. 英国文学通史（第3卷）[M]. 天津：南开大学出版社，2013.

[9] 段吉方. 文化唯物主义与现代美学问题——20世纪英国马克思主义文学批评理论范式与经验研究 [M]. 广州：中山大学出版社，2017.

[10] 弗雷德·英格利斯. 文化 [M]. 韩启群，等译. 南京：南京大学出版社，2008.

[11] 陆扬. 论构建马克思主义文化理论史 [M]//. 治国理政新理念、新思想、新战略，上海市社会科学界第十四届学术年会文集. 上海市社会科学界联合会，2016.

[12] 荣格. 心理学与文学 [M]. 冯川，苏克，译. 南京：译林出版社，2014.

[13] 特里·伊格尔顿. 历史中的政治、哲学、爱欲 [M]. 马海良，译. 北京：中国社会科学出版社，1999.

[14] 特里·伊格尔顿, 王尔勃. 纵论雷蒙德·威廉斯 [J]. 马克思主义美学研究, 1999（1）: 394-409.

[15] 马博特伊. 批评家的任务——与特里·伊格尔顿的对话 [M]. 王杰, 贾洁, 译. 北京: 北京大学出版社, 2014.

[16] 王晓群, 戴维·洛奇. 向这一切说再见——评伊格尔顿的《理论之后》[J]. 国外理论动态, 2006（11）: 52-56.

[17] 韦勒克. 近代文学批评史（第1卷）[M]. 杨自伍, 译. 上海: 上海译文出版社, 1987.

[18] 伊恩·伯查尔. 伊格尔顿与马克思主义文学批评 [J]. 戴侃, 译. 国外社会科学, 1983（1）: 33-37.

[19] 陈学明. 20世纪西方马克思主义哲学历程（第4卷）: 20世纪末21世纪初马克思主义哲学研究的全面复兴与各种马克思主义哲学流派的新发展 [M]. 天津: 天津人民出版社, 2013.

[20] 于连·沃尔夫莱. 批评关键词: 文学与文化理论 [M]. 陈永国, 译. 北京: 北京大学出版社, 2015.

[21] 詹姆逊. 马克思的幽灵债务国家、哀悼活动和新国际 [M]. 何一, 译. 北京: 中国人民大学出版社, 2016.

[22] 詹姆逊, 张旭东编. 晚期资本主义的文化逻辑 [M]. 陈清侨, 严锋, 等译. 北京: 生活·读书·新知三联书店, 2013.

[23] 张亮. 英国新左派思想家 [M]. 南京: 江苏人民出版社, 2010.

[24] 中共中央编译局. 共产党宣言 [M]//. 马克思恩格斯选集（第一卷）. 北京: 人民出版社, 2012.

[25] 中共中央编译局. 黑格尔法哲学批判导言 [M]//. 马克思恩格斯选集（第一卷）. 北京: 人民出版社, 2012.

二、英文参考文献

[1] Alderson, David. Terry Eagleton [M]. New York; Hound mills, Basingstoke, Hampshire: Palgrave Macmillan, 2004.

[2] Anderson, Amanda. The Way We Argue Now a Study in the Cultures of Theory [M]. Princeton: Princeton University Press, 2006.

[3] Anderson, Perry. Socialism and Pseudo-Empiricism [J]. New Left Review, 1966, 35 (2): 2.

[4] Bainbridge, Caroline. Culture and the Unconscious [M]. New York: Palgrave Macmillan. 2007.

[5] Barker, Chris. Cultural Studies: Theory and Practice [M]. London: SAGE, 2000.

[6] Barry, Peter. Beginning Theory: An Introduction to Literary and Cultural Theory [M]. 2nd ed. New York: Manchester University Press, 2002.

[7] Baum, Gregory. Liberation Theology and Marxism. Faith and Ideology [M]. Philippines: Socio-Pastoral Institute, 1987.

[8] Bennett, Oliver. Cultures of Optimism: The Institutional Promotion of Hope [M]. Basingstoke GB: Palgrave Macmillan, 2015.

[9] Bergonzi, B. What is Politics About? [J]. New Blackfriars, 1966, 47 (550): 318-321.

[10] Bharucha, Rustom. Terror and Performance [M]. New York: Routledge, 2014.

[11] Boer, Roland, The Ethical Failure of Terry Eagleton [EB/OL]. [2023-06-22]. Monthly Review Foundation. https://mronline.org/2010/09/22/the-ethical-failure-of-terry-.

[12] Boer, Roland. An Intrinsic Eagleton [J]. JCRT, 2008, 9 (2): 1-17.

[13] Boer, Roland. Criticism of Heaven: On Marxism and Theology [M]. Boston: Brill, 2007.

[14] Boer, Roland. In the Vale of Tears: on Marxism and Theology [M]. Leiden: The Netherlands, 2014.

[15] Boer, Roland. Marxist Criticism of the Bible [M]. New York: T&T Clark International, 2003.

[16] Bowman, Paul. Post-Marxism versus Cultural Studies: Theory, Politics and Intervention [M]. Edinburgh: Edinburgh University Press, 2007.

[17] Brooker, Joseph. The Edinburgh History of Twentieth-century Literature in Britain；Edinburgh: Edinburgh University Press, 2010.

[18] Callus I, Herbrechter S. Post-theory, Culture, Criticism [M]. New York: Rodopi, 2004.

[19] Cameron, J. M. Culture and Revolution [M]//. From Culture to Revolution : the Slant Symposium. London: Sheed and Ward, 1968.

[20] Camp, Jordan, Tiffany A. Wilson, Jeffrey R. Gunn, and David Dominguez. Four Views on "After Theory" [J]. Humboldt Journal of Social Relations, 2004, 28 (2): 148-171.

[21] Carey, John. An Overview of Catholic Theology: A Protestant Looks at the Trends [J]. Theology Today, 1973, 30 (1): 25.

[22] Casey E S. Getting Back into Place: Toward a Renewed Understanding of the Place-world [M]. Bloomington: Indiana University Press, 1993.

[23] Cools, Arthur, Thomas Crombez, Rosa Slegers, and Johan Taels. The Locus of Tragedy [M]. Boston: BRILL, 2008.

[24] Corrin, Jay P. The English Catholic New Left: Battling the Religious Establishment and the Politics of the Cold War [J]. Social Sciences, 2018 (4): 60.

[25] Corrin, Jay P. The English Catholic New Left and Liberation Theology [J]. Journal of Church and State, 2015, 59 (1): 43-58.

[26] Cox, Harvey. The Heart of a Heartless World" Theology, Marxism & Religion [J]. Essays in Arts and Sciences, 1983, 12 (2): 5.

[27] Cunningham A. The December Group: Terry Eagleton and the New Left Church [J]. The Year's Work in Critical and Cultural Theory, 1991, 1 (1): 210-215.

[28] Daphne Patai, and Will H. Corral, Author. Theory's Empire An Anthology of Dissent [M]. New York: Columbia University Press, 2005.

[29] Dasgupta, Samir, and Kivisto, Peter. Postmodernism in a Global Perspective [M]. New Delhi: SAGE Publications India Pvt, 2014.

[30] Davis, Creston., John. Milbank, and SlavojŽižek. Theology and the Political: the New Debate. [M]. Durham: Duke University Press, 2005.

[31] Davis, Robert Con, and Ronald. Schleifer. Contemporary Literary Criticism: Literary and Cultural Studies [M]. 3rd ed. New York: Longman, 1994.

[32] Dawkins R. The God Delusion [M]. London: Random House, 2016.

[33] Dollimore, Jonathan. Radical Tragedy: Religion, Ideology, and Power in the Drama of Shakespeare and His Contemporaries [M]. 3rd ed., Durham: Duke University Press, 2004.

[34] Driscoll, Lawrence. Evading Class in Contemporary British Literature [M]. New York: Palgrave Macmillan, 2009.

[35] During, S. Exit Capitalism: Literary Culture, Theory, and Post-secular Modernity [M]. London: Routledge Ltd, 2010.

[36] Dussel, Enrique D., Eduardo Mendieta. Beyond Philosophy: Ethics, History, Marxism, and Liberation Theology [M]. Lanham: Rowman & Littlefield Publishers, 2003.

[37] Dworkin, Dennis L. Cultural Marxism in Postwar Britain: History, the New Left, and the Origins of Cultural Studies. Post-contemporary Interventions [M]. Durham, North Carolina: Duke University Press, 1997.

[38] Eagleton, T. After Theory [M]. New York: Basic Books, 2003.

[39] Eagleton, T. Culture [M]. New Haven: Yale University Press, 2016.

[40] Eagleton, T. Culture and the Death of God [M]. New Haven: Yale University, 2014.

[41] Eagleton, T. Heathcliff and the Great Hunger : Studies in Irish Culture [M]. New York: Verso, 2005.

[42] Eagleton, T. How to Read a Poem [M]. Oxford: Blackwell, 2007.

[43] Eagleton, T. How to Read Literature [M]. New Haven: Yale University Press, 2013.

[44] Eagleton, T. Literary Theory: an Introduction [M]. Cambridge, Mass: Blackwell, 1996.

[45] Eagleton, T. Nationalism, Colonialism, and Literature [M]. Minneapolis: University of Minnesota Press, 1990.

[46] Eagleton, T. Reason, Faith, & Revolution : Reflections on the God Debate [M]. New Haven: Yale University Press, 2009.

[47] Eagleton, T. The Death of Rhetoric [J]. Academic Questions, 2012, 25 (4): 546-551.

[48] Eagleton, T. The End of Criticism [J]. English in Education, 1982, 16 (2).

[49] Eagleton, T. The End of English [J]. Journal of Literary Studies, 1986 (2).

[50] Eagleton, T. The English Novel: an Introduction [M]. Malden: Blackwell Pub, 2005.

[51] Eagleton, T. The Event of Literature [M]. New Haven; London: Yale University Press, 2012.

[52] Eagleton, T. The Flight to the Real [M]// S. M. Sally Ledger. Cultural Politics at the Fin De Siècle. Cambridge: Cambridge University Press, 1995.

[53] Eagleton, T. The Function of Criticism [M]. London: Verso, 1984.

[54] Eagleton, T. The Idea of Culture [M]. Malden, Mass.: Blackwell, 2000.

[55] Eagleton, T. The Illusions of Postmodernism [M]. Hoboken: Wiley, 1996.

[56] Eagleton, T. The roots of the Christian crisis [M]// A. Cunningham. Slant manifesto: Catholics and the Left London: Sheed& Ward, 1966.

[57] Eagleton, T. The Significance of Theory [M]. New York: Blackwell, 1990.

[58] Eagleton, T. Why Marx was Right [M]. New Haven: Yale University Press, 2011.

[59] Eagleton, T. A Shelter in the Tempest of History [EB/OL]. (2002-02-01) [2023-08-06]. https://www.redpepper.org.uk/A-shelter-in-the-tempest-of/.

[60] Eagleton, T. Beaumont, Matthew. The Task of the Critic: Terry Eagleton in Dialogue [M]. New York: Verso, 2009.

[61] Forgacs, David. Walter Benjamin or Towards a Revolutionary Criticism [J]. Poetics Today, 1983, 1 (4):183-186.

[62] Fowler, Bridget. Reading Bourdieu on Society and Culture [M]. Malden, MA: Blackwell: The Sociological Review, 2000.

[63] Fraser, N. Toward a Nonculturalist Sociology of Culture: On Class and Status in Globalizing Capitalism [M]//N. W. H. Mark D. Jacobs. The Blackwell Companion to the Sociology of Culture. Oxford, UK: Blackwell Publishing, 2007: 444-459.

[64] Fraser, Nancy, and Rahel Jaeggi. Capitalism: A Conversation in Critical Theory [M]. Medford, MA: Polity, 2018.

[65] Fukuyama, Francis. The End of History and the Last Man [M]. New York: Free Press, 1992.

[66] Geng Y. Miracles and Revolutionary Reversals: Terry Eagleton's Theological Turn [J]. Literature and Theology, 2012, 26 (3): 323-337.

[67] Giroux, Henry A. Impure Acts: The Practical Politics of Cultural Studies [M]. London: Routledge, 2000.

[68] Gottlieb, Evan. Engagements with Contemporary Literary and Critical Theory [M]. London: Routledge, 2019.

[69] Guy, Josephine M., and Ian Small. Politics and Value in English Studies: A Discipline in Crisis? [M]. New York: Cambridge University Press, 1993.

[70] Hamilton S. The Crisis of Theory: EP Thompson, the New Left and Postwar British Politics [M]. Oxford: Oxford University Press, 2012.

[71] Hickman, Miranda B., John D. McIntyre. Rereading the New Criticism [M]. Columbus: Ohio State University Press, 2012.

[72] Hoelzl, Michael., and Graham Ward. The New Visibility of Religion: Studies in Religion and Cultural Hermeneutics. Continuum Resources in Religion and Political Culture [M]. London; New York: Continuum, 2008.

[73] Irena R Makaryk, And De Armas, Frederick A. Encyclopedia of Contemporary Literary Theory: Approaches, Scholars, Terms [M]. Toronto, CA: University of Toronto Press, 1993.

[74] Jay, Paul. The Humanities "Crisis" and the Future of Literary Studies [M]. New York: Palgrave Macmillan, 2014.

[75] Jordan Camp , T. A. W., Jeffrey R. Gunn , David Dominguez. Four Views on" After Theory" [J]. Humboldt Journal of Social Relations, 2004, 28 (2): 148-171.

[76] Kerr, Fergus. After Aquinas: Versions of Thomism [M]. Malden, MA: Blackwell Pub., 2002.

[77] Kerr, Fergus. Theology after Wittgenstein [M]. 2nd ed. London: SPCK, 1997.

[78] Kocka, Jürgen, and Marcel van der Linden. Capitalism: the Reemergence of a Historical Concept [M]. New York: Bloomsbury Academic, 2016.

[79] Kuzniarz, Bartosz., and Stanley Bill. Farewell to Postmodernism: Social Theories of the Late Left [M]. New York: Peter Lang, 2015.

[80] Lash, Nicholas. A Matter of Hope: A Theologian's Reflections on the Thought of Karl Marx [M]. Notre Dame: University of Notre Dame Press, 1982.

[81] Ledger, Sally, and Scott McCracken, eds. Cultural Politics at the fin de siècle [M]. London: Cambridge University Press, 1995.

[82] Leitch, V. B. Literary Criticism in the 21st Century : Theory Renaissance [M]. New York: Bloomsbury, 2014.

[83] MacIntyre, Alasdair. After Virtue: A Study in Moral Theory [M]. 2nd ed. London: Duckworth, 1985.

[84] Makdisi, Saree, Casarino, Cesare, and Karl, Rebecca. Marxism Beyond Marxism [M]. London: Routledge, 1995.

[85] McCabe, Herbert, Brian Davies, and Paul Kucharski. The McCabe Reader [M]. New York: Bloomsbury T & T Clark, an Imprint of Bloomsbury Publishing Plc, 2016.

[86] McCabe, Herbert, Brian Davies, and Terry Eagleton. God and Evil in the Theology of St Thomas Aquinas [M]. New York: London; Continuum, 2010.

[87] McCabe, Herbert. Faith within Reason [M]. London: Continuum, 2007.

[88] McCarraher, Eugene. Radical, OP [J]. Commonwealth, 2010, 137 (17): 12-6.

[89] McLellan, David. Marxism and Religion: A Description and Assessment of the Marxist Critique of Christianity [M]. 1st U.S. ed. New York: Harper & Row, 1987.

[90] McQuillan, Martin. Post-theory: New Directions in Criticism [M]. Edinburgh: Edinburgh University Press, 1999.

[91] Milner, Andrew. Re-Imagining Cultural Studies: The Promise of Cultural Materialism [M]. London: SAGE Publications, 2002.

[92] Mong, Ambrose Ih-Ren. A Tale of Two Theologians: Treatment of Third World Theologies [M]. Cambridge: James Clarke & Co., 2017.

[93] Morton, Adam. On Evil: Thinking in Action [M]. London: Routledge, 2004.

[94] Mulhern, Francis. Contemporary Marxist Literary Criticism [M]. London: Routledge, 1992.

[95] Mullan, J. What Terry did next [EB/OL]. (2003-11-29) [2023-09-08]. https://www.theguardian.com/books/2003/nov/29/highereducation.news.

[96] Mullan, John, What Terry did next [EB/OL]. (2003-11-29) [2023-04-19]. The Guardian. https://www.theguardian.com/books/2003/nov/29/highereducation.news.

[97] Munck, Ronaldo. Marx @ 2000: Late Marxist Perspectives [M]. New York: Palgrave Macmillan, 1999.

[98] N. Paananen Victor. British Marxist Criticism [M]. New York: Garland Pub, 2000.

[99] Nealon, Jeffrey T. Post-Postmodernism, or, the Logic of Just-in-time Capitalism [M]. Stanford, California: Stanford University Press, 2012.

[100] Nelson, Cary., and Lawrence. Grossberg. Marxism and the Interpretation of Culture [M]. Urbana: University of Illinois Press, 1988.

[101] O'Brien, John E. Critical Practice from Voltaire to Foucault, Eagleton and beyond: Contested Perspectives [M]. Boston: Brill, 2014.

[102] Orr, John. Hidden Agenda: Pierre Bourdieu and Terry Eagleton [J]. The Sociological Review, 2001:126-141.

[103] Osborne, Thomas. The Structure of Modern Cultural Theory [M]. Manchester.: Manchester University Press, 2008.

[104] Parkinson, G. H. R. Marx and Marxisms [M]. Cambridge: Cambridge University Press, 1982.

[105] Petro, P. a. M., Andrew. Interview with Terry Eagleton [J]. Iowa Journal of Literary Studies, 1985 (6): 1-17.

[106] Ray, Jeff. Materialism [J]. Chiasma : A Site for Thought, 2017, 4 (1): 140-145.

[107] Redhead, Steve. We Have Never Been Postmodern [M]. Edinburgh: Edinburgh University Press, 2011.

[108] Regan, Stephen. The Eagleton Reader [M]. Malden, Mass.: Blackwell, 1998.

[109] Schmitt, Carl. Political Theology [M]. London: The MIT Press, 1985.

[110] Schneider, Nathan, Religion for Radicals: An Interview with Terry Eagleton [EB/OL]. (2009-09-17) [2023-09-23]. https://tif.ssrc.org/2009/09/17/religion-for-radicals-an-interview-with-.

[111] Sharpe, Matthew. On Roland Boer's Marxism and Theology [J]. Critical Research on Religion, 2016, 4 (2): 171-78.

[112] Showalter, E. A Champion of Cultural Theory? [J]. The Chronicle of Higher Education, 2004, 50 (20): B9.

[113] Sigurdson, Ola. Theology and Marxism in Eagleton and Žižek: a Conspiracy of Hope [M]. Berlin: Springer, 2012.

[114] Simons, Jon. From Agamben to Žižek Contemporary Critical Theorists [M]. Edinburgh: Edinburgh University Press, 2010.

[115] Smith, James. Terry Eagleton: A Critical Introduction [M]. Malden, Mass.: Polity, 2008.

[116] Stow, Simon. Republic of Readers? the Literary Turn in Political Thought and Analysis [M]. Albany State University of New York Press, 2007.

[117] Surin, Kenneth. Theology and Marxism: The Tragic and Tragi-Comic [J]. New York: Literature and Theology, 2005, 19 (2): 112-31.

[118] Taylor, Charles. A Secular Age [M]. Cambridge, Mass.: Harvard University Press, 2007.

[119] Taylor, Charles. Modern Social Imaginaries [M]. Durham: Duke University Press, 2004.

[120] Theile, Verena, and Linda Tredennick. New Formalisms and Literary Theory [M]. New York: Palgrave Macmillan, 2013.

[121] Therborn, Göran. From Marxism to Post-Marxism? [M]. New York: Verso, 2008.

[122] Thiessen, Gesa Elsbeth. Apostolic and Prophetic: Ecclesiological Perspectives [M]. La Vergne: Wipf and Stock Publishers, 2011.

[123] Tredell, Nicolas. Conversations with Critics [M]. Manchester: Carcanet; Riverdale-on-Hudson, 1994.

[124] Trifonas, Peter Pericles. Communities of Difference : Culture, Language, Technology [M]. New York: Palgrave Macmillan, 2005.

[125] Tumino, Stephen. Cultural Theory After the Contemporary [M]. New York: Palgrave Macmillan, 2011.

[126] Turner, Denys. Marxism and Christianity [M]. Oxford: Blackwell, 1983.

[127] Wall, A. "Slant" and the language of revolution [J]. New Blackfriars, 1975, 56 (666): 506-516.

[128] Wallace, Jeff, Rod Jones, and Sophie Nield. Raymond Williams Now : Knowledge, Limits and the Future [M]. New York: Palgrave Macmillan, 1997.

[129] Waugh, Patricia. Postmodernism: A Reader [M]. New York: New York, NY: E. Arnold; Distributed in the USA by Routledge, Chapman and Hall, 1992.

[130] Weatherill, Rob. The Anti-Oedipus Complex: Lacan, Critical Theory and Postmodernism [M]. London: Routledge, 2017.

[131] Wicker B. Justice, Peace and Dominicans 1216–1999: Viii - Slant, Marxism and the English Dominicans [J]. New Blackfriars, 1999, 80 (944): 436-443.

[132] Williams, David Cratis, And Michael David Hazen. Argumentation Theory and the Rhetoric of Assent [M]. Tuscaloosa: University of Alabama Press, 1990.

[133] Williams, Jeffrey. How to be an Intellectual: Essays on Criticism, Culture, and the University [M]. New York: Fordham University Press, 2014.

[134] Williams, R. Key Words : A Vocabulary of Culture and Society [M]. New York: Oxford University Press, 1985.

[135] Williams, Raymond. Culture and Society, 1780-1950 [M]. New York: Columbia University Press, 1983.

[136] Williams, Raymond. Key Words : A Vocabulary of Culture and Society [M]. New York: Oxford University Press, 1985.

[137] Williams, Raymond. Modern Tragedy [M]. Stanford: Stanford University Press, 1966.

[138] Williams, Raymond. Resources of Hope: Culture, Democracy, Socialism [M]. London: Verso, 1989.

[139] Williams, Raymond. The Long Revolution [M]. London: Chatto&Windus, 1961.

[140] Wittgenstein, Ludwig. Philosophical Investigations [M]. London: Basil Blackwell, 1986.

[141] Wolfreys, J. Readings: Acts of close reading in literary theory [M]. Edinburgh: Edinburgh University Press, 2000.

[142] Wolfreys, Julian. Introducing Criticism in the 21st Century [M]. Edinburgh: Edinburgh University Press, 2015.

[143] Wolfreys, Julian. Readings: Acts of Close Reading in Literary Theory [M]. Edinburgh: Edinburgh University Press, 2000.

[144] Wood, Ellen Meiksins., and John Bellamy. Foster. In Defense of History: Marxism and the Postmodern Agenda [M]. New York: Monthly Review Press, 1997.

[145] Zhixiong, Li, Christopher Rowland. Hope: The Convergence and Divergence of Marxism and Liberation Theology [J]. Theology Today, 2013, 70 (2): 181-95.

[146] Zima, P. V. The Philosophy of Modern Literary Theory [M]. London: Athlone Press, 1999.